Premiers repas

de 6 mois à 3 ans

Angélique Houlbert

Diététicienne

Du même auteur

Le nouveau Régime IG (avec Elvire Nérin)
Thierry Souccar Éditions, 2011

100 aliments IG à volonté
Thierry Souccar Éditions, 2011

La meilleure façon de manger pour les enfants
Thierry Souccar Éditions, 2009

La meilleure façon de manger (avec le collectif LaNutrition.fr)
Thierry Souccar Éditions, 2008

Conception graphique et réalisation : Catherine Julia (Montfrin)

Corrections : Sabrina Bendersky

Crédits photos : ©iStockphoto

ISBN : 798-2-916878-94-2

Imprimé par Qualibris / Imprimerie France Quercy à Mercuès (France)
Dépôt légal : 1er trimestre

À mon fils, Haloïs

Sommaire

9 mois : conseils et recettes au quotidien

10 mois : conseils et recettes au quotidien

11 mois : conseils et recettes au quotidien

12 mois : conseils et recettes au quotidien

15 mois : conseils et recettes au quotidien

Introduction

Avoir, à l'âge adulte, une alimentation variée, équilibrée et qui respecte les grands équilibres métaboliques est primordial pour la santé et la longévité. Mais pour en arriver là, bien du chemin sera à parcourir et bien des étapes seront à franchir pour un bébé qui vient tout juste d'arriver au monde.

Manger est certes une nécessité pour l'organisme, mais bien au-delà de cet aspect, c'est l'éveil des cinq sens qui entre en scène… Place aux acteurs :

La vue écarquille les yeux, l'odorat pointe le bout de son nez, le goût en a l'eau à la bouche, l'ouïe tend les oreilles pour entendre les bruits de la cuisine et, enfin, le toucher embrasse à pleines mains ces nouveaux aliments.

Et c'est à vous, en tant que parents, grands-parents, membres de la famille ou encore en tant qu'assistante maternelle, que revient la lourde tâche de faire connaître à ce petit être, toutes les merveilles gustatives que la nature nous offre. Mais est-ce vraiment une lourde tâche à accomplir ? Ne serait-ce pas plutôt une véritable chance de pouvoir donner, sous une autre forme, tout l'amour que vous avez pour ce petit être ?

Comme tout apprentissage, le parcours est long et semé d'embûches mais au final, quand l'initiation est terminée et que les connaissances sont acquises, que de moments de bonheurs et de plaisirs partagés en perspective, autour d'une table composée de produits bruts, de saison, aux couleurs et aux parfums enivrants…

Les grands principes de la diversification alimentaire

Par définition, la diversification alimentaire est le passage d'une alimentation exclusivement lactée à une alimentation variée, proche de celle des adultes. Mais comment savoir si bébé est prêt pour d'autres aliments que le lait maternel ou infantile ? Quel est l'âge véritablement recommandé et comment s'y prendre les premières fois ? Autant de questions que se posent tous les parents et toutes les personnes qui doivent nourrir un bébé.

Le passage du lait aux purées : à quel âge ?

LA question que tout le monde se pose désormais est : « À partir de quel âge un bébé peut-il consommer des aliments solides ? ».

En effet, cet âge ne cesse d'évoluer au fil des décennies et, comme pour le couchage de bébé sur le ventre, sur le côté ou sur le dos, tout le monde y va de son précieux conseil.

Côté défenseurs de l'allaitement maternel, la diversification alimentaire ne doit pas se faire avant 6 mois révolus. Côté industriels de l'agroalimentaire, c'est bien sûr à partir de 4 mois car deux mois de gagné chez un bébé, ce sont des milliers d'euros en plus pour eux !

Mais plus scientifiquement, que répondent les spécialistes qui ne sont en cheville avec aucun de ces gros industriels du premier âge ?

« Pas avant 6 mois » répondent-ils, sous peine de favoriser les allergies alimentaires car, jusqu'à cet âge, la seule solution c'est l'allaitement ou le biberon. Introduire des aliments solides trop tôt, c'est prendre le risque de favoriser des réactions auto-immunes et de provoquer des étouffements si bébé n'est pas prêt.

Voilà qui est dit !

On considère aujourd'hui qu'il est préférable de ne pas introduire d'aliments solides avant 6 mois. Et parfois, il est même souhaitable d'attendre un peu plus afin que les capacités de déglutition et digestives globales du bébé soient optimales, tant au niveau de l'intestin que de son foie et son pancréas qui jouent tous les trois un rôle primordial.

Comment savoir si bébé est prêt à recevoir une alimentation solide ?

Chaque enfant étant fondamentalement différent, c'est à vous de déterminer à partir de quel moment il sera prêt pour ses premières découvertes gustatives. Toutefois, vous pouvez vous fier à plusieurs signes extérieurs qui prouvent que bébé est certainement disposé à diversifier ses apports alimentaires.

REPÈRES

Si votre enfant :

- a doublé son poids de naissance ;
- tient sa tête tout seul ;
- peut s'asseoir avec un soutien ;
- ferme la bouche sur une cuillère ;
- montre de l'intérêt quand il voit d'autres personnes manger ;
- ouvre la bouche ou tente de saisir votre fourchette,

c'est qu'il est certainement prêt pour une alimentation solide.

De même, si vous constatez qu'il a encore faim après la tétée ou le biberon ou qu'il se réveille en pleine nuit alors qu'il ne le faisait plus, vous pouvez dès à présent commencer à initier bébé à de nouvelles saveurs.

Zoom sur les allergies alimentaires

Lorsqu'un membre de la famille proche (parent, frère, sœur) souffre d'allergie, il est important de mettre quelques règles d'or en place, et toujours avec l'accord de votre pédiatre ou de votre médecin généraliste, afin de limiter les risques d'allergies ou d'intolérances alimentaires :

- l'allaitement maternel devra être une priorité aussi longtemps que la maman le peut ;
- l'introduction d'aliments solides devra être faite à partir de 6 mois révolus et pas avant ;
- l'arachide devra être évitée aussi longtemps que possible, sous toutes ses formes ;
- certains aliments ne seront pas donnés à bébé avant son premier anniversaire : agrumes et fruits exotiques (dont le kiwi), céleri, poissons, crustacés, blanc d'œuf, fruits à coque.

Réussir la diversification aujourd'hui pour éviter les refus plus tard

Rappelons ici que la diversification alimentaire, qui commence à partir de 6 mois et qui dure environ jusqu'à la fin de la deuxième année, est une étape primordiale dans l'éducation nutritionnelle de l'enfant. En effet, il faut varier au maximum l'alimentation de bébé jusqu'à ses 3 ans car ensuite une période de refus va s'installer. Avant, il est curieux de tout ; après, il devient méfiant. C'est ce que l'on appelle la période de « néophobie alimentaire ».

Ainsi, présenter à bébé un maximum de goûts et de saveurs dès le plus jeune âge va permettre de limiter les refus dans la petite enfance. C'est la raison pour laquelle je vous encourage à tenir un petit cahier alimentaire dès le début de la diversification pour qu'aucun aliment ne soit oublié et, surtout, pour les varier au maximum.

Pour plus de facilité, vous pourrez vous reporter à la fin de chaque chapitre où sont répertoriés les principaux aliments à ne pas oublier tout au long de cette diversification.

6 MOIS

Conseils et recettes au quotidien

Mon enfant grandit

- Il mesure :

....

- Il pèse :

....

Ses goûts se diversifient

- Je commence la diversification le :

....

....

- Par :

....

....

Les grands repères des 6 mois

Ça y est, vous venez de souffler la demi-bougie de bébé ? Alors il est certainement prêt pour la transition vers des aliments solides. S'il est au biberon, il avale en moyenne quatre biberons de 210 ml de lait premier âge par jour. S'il est allaité, il continue de prendre le sein à la demande, quand il a faim.

Comment s'y prendre la première fois ?

Tout d'abord, choisissez plutôt un week-end ou, tout du moins, un moment où il n'y a pas trop d'agitation dans la maison, afin que vous soyez au maximum détendu.

Ensuite, il vous faudra toujours privilégier le moment du déjeuner, et ceci à chaque fois que vous intégrerez un nouvel aliment. En effet, une réaction allergique est toujours possible, même avec des aliments courants. Ainsi, si votre enfant fait une réaction, ce sera en pleine journée, facilement visible et donc pouvant être prise en charge tout de suite. Si vous intégrez des aliments nouveaux au repas du soir, il sera beaucoup plus difficile de repérer une réaction allergique, type œdème, pendant la nuit, quand bébé dort.

Même si ce discours peut paraître au premier abord un peu alarmiste, il est avant tout à but préventif.

On commence par les légumes !

Pour les premières initiations, il faut toujours privilégier les légumes et non les fruits, comme cela est pratiqué la plupart du temps. En effet, comme les bébés ont une préférence naturelle pour le goût sucré, si vous commencez par les fruits, ils pourraient très bien refuser les légumes par la suite.

Choisissez toujours vos fruits et légumes parmi ceux de saison, mûrs, fraîchement cueillis ou achetés et provenant de préférence de la région où vous habitez : c'est la garantie d'avoir des produits de qualités nutritionnelles optimales.

Si votre enfant a été allaité au sein, il y a de grandes chances pour qu'il accepte plus facilement les nouveaux aliments que vous lui proposez puisque le lait maternel prend le goût, parfois de manière assez prononcée, de certains aliments que la maman a mangés lors des dernières heures. Peut-être en avez-vous déjà fait l'expérience avec un premier enfant ou avez-vous entendu parler vos amies ou sœurs des possibles petits grognements de bébé après que la maman ait mangé, par exemple, des sardines au repas précédent ? C'est la raison pour laquelle, il est très important de manger très varié lorsque vous allaitez afin d'éveiller votre bébé aux différentes saveurs.

LES PREMIERS PAS

Pour le premier jour, le plus simple est souvent de mélanger les aliments au lait maternel ou au lait maternisé, de manière à obtenir une consistance fluide afin de ne pas perturber bébé. Ensuite, au fur et à mesure, vous pourrez rendre la bouillie de plus en plus consistante.

REPÈRES DES PREMIERS BIBERONS MIXTES

- 1 cuillère à soupe de légumes mixés pour 4 à 5 cuillères à soupe de lait

Si votre enfant rejette les légumes mixés et mélangés dans le biberon de lait, vous pouvez les lui donner sous forme de bouillon de légumes non salé en mélangeant ce bouillon au lait, directement dans le biberon. Progressivement, vous ajouterez plus de légumes mixés et moins de lait.

■ ASTUCE : ***faites une soupe de légumes non salée et non moulinée pour toute la famille. Remplacez l'eau du biberon du midi par le bouillon de légumes (210 ml de bouillon + 7 mesures de lait), ou introduisez directement un peu de légumes mixés dans le lait. Les jours suivants, augmentez la dose de légumes et diminuez légèrement la quantité de lait.***

QUEL LAIT ?

Si vous allaitez encore, la question ne se pose absolument pas pour vous, mais si vous avez opté pour le biberon, il vous faudra terminer votre boîte de lait 1er âge et acheter une boîte de lait de suite (2e âge), à partir du moment où il existe un repas diversifié dans la journée.

Dans l'idéal, au début, ne proposez des légumes qu'une fois par jour, le midi, et surtout, qu'un seul nouveau légume par jour afin de bien détecter les éventuelles allergies alimentaires.

LES BONS CHOIX PARMI LES PREMIERS LÉGUMES

- **La carotte :** elle est à choisir issue de l'agriculture biologique de préférence car, en France, certaines carottes sont copieusement arrosées de pesticides. Contrairement à une croyance répandue, les carottes, même cuites, n'ont pas d'influence marquée sur le taux de sucre sanguin (la glycémie).

- **La courgette :** elle constitue un excellent choix pour initier bébé aux légumes car elle est généralement très bien acceptée et ses fibres douces pour l'intestin en font un premier aliment idéal.

- **L'épinard :** même si, malgré certaines croyances, il n'est pas une excellente source de fer, l'épinard demeure un légume complet qui apporte des caroténoïdes dont la lutéine, un pigment essentiel à la vision puisqu'il se retrouve en majorité dans la rétine.

- **Le haricot vert :** de par sa teneur en fibres solubles et insolubles, il permet de calmer rapidement l'appétit en apportant un sentiment de satiété complet. Pour qu'il soit tendre, il faut le cueillir ou le choisir très fin. Il peut être acheté frais ou surgelé sans sauce ajoutée.

- **La patate douce :** cultivée aux Antilles, je la préfère aux pommes de terre car elle apporte des caroténoïdes antioxydants et, surtout, elle perturbe peu la glycémie par rapport à la plupart des variétés de pommes de terre. On dit que son index glycémique est plus bas.

QU'EST-CE QUE L'INDEX GLYCÉMIQUE ?

L'index glycémique (IG) mesure la capacité d'un aliment à élever le taux de sucre (glycémie) dans le sang. Plus l'IG d'un aliment est bas, moins il va perturber la glycémie et moins il sollicitera le pancréas de bébé (pour produire de l'insuline, hormone qui fait descendre le taux de sucre sanguin). À l'inverse, plus l'IG est élevé, plus cette glande sera sollicitée, et plus bébé risque de réclamer de nouveau rapidement à manger. C'est une notion essentielle que vous devez progressivement vous approprier pour le bien-être et la santé de toute la famille.

REPÈRES : LES PREMIERS LÉGUMES

- Blette
- Brocoli
- Carotte
- Courge butternut
- Courgette
- Endive
- Épinards
- Fenouil
- Haricot vert
- Laitue
- Patate douce
- Pâtisson
- Poireau
- Potiron et potimarron

Ensuite, selon les saisons, les autres légumes peuvent être introduits en prêtant attention :

- aux tomates et aux aubergines qui peuvent être allergisantes ;
- aux différents champignons et choux (de Bruxelles, chou-fleur, frisé, brocoli…) qui peuvent provoquer des gaz et ballonnements.

LES PREMIERS ESSAIS : LES BOUILLONS

L'objectif est de ne conserver que le jus de cuisson pour bébé et de garder les légumes pour le reste de la famille. Voici quelques exemples de légumes que vous pourrez inclure dans les potages familiaux, selon les saisons et vos envies mais, surtout, en fonction des tolérances digestives de bébé.

Ingrédients des premiers bouillons

- Carotte, blanc de poireau, patate douce
- Courgette, haricot vert, brocoli
- Blette, épinard, endive
- Potimarron, pâtisson, carotte
- Fenouil, courgette, pâtisson
- Courge butternut, potimarron
- Blette, épinard, laitue
- Pâtisson, courgette, patate douce

Préparation des premiers bouillons

Faites cuire les légumes dans une casserole ou dans une cocotte minute et recouvrez-les d'eau minérale adaptée pour les enfants en bas âge. Selon les légumes, faites cuire entre 15 et 30 minutes. Égouttez les légumes à l'aide d'une passoire à petits trous ou d'un tamis fin et ne donnez à bébé que le bouillon des légumes.

Toute la famille pourra ainsi consommer les légumes tels quels ou mixés.

■ ASTUCES ET CONSEILS : ***les premiers bouillons de bébé ne doivent pas être salés. Ainsi, pour le potage familial, contentez-vous des légumes non salés et, si besoin, ajoutez à votre convenance, sur la table, des épices comme le poivre noir, le curry ou encore le paprika pour le relever. Vous pouvez également, dans un deuxième temps, faire cuire les légumes avec des aromates comme le cerfeuil, l'aneth, le thym, la sarriette ou le romarin en prenant soin de ne pas trop en mettre, au début, car leurs goûts puissants peuvent ne pas être appréciés de tous les bébés.***

LES POTAGES

Quand bébé sera assez à l'aise avec les différents goûts que vous lui aurez proposé, par le biais des bouillons, vous pourrez progressivement mélanger à son biberon de lait des potages réalisés avec un seul ingrédient au départ puis composés de plusieurs légumes par la suite.

Si vous allaitez, vous pourrez donner à bébé ses premiers potages à la cuillère ou au biberon.

Ingrédients des premiers potages

Pour les premiers potages, choisissez également des légumes de saison et peu allergisants, comme ceux utilisés pour les bouillons.

Si vous souhaitez mélanger le potage au lait de bébé, partez sur une base de 80 ml de lait et 120 ml de potage avec un, deux ou trois légumes.

Exemples d'associations de légumes

- 60 g de courgette seule avec un aromate au choix (basilic, cerfeuil, laurier, thym, etc.)
- 30 g de courgette et 30 g de carotte
- 30 g d'épinards et 30 g de brocoli
- 30 g de carotte et 30 g de blanc de poireau
- 20 g de patate douce, 20 g de carotte, 20 g de potimarron

Préparation des premiers potages

- Lavez, épluchez et détaillez les légumes.
- Dans une petite casserole (ou un faitout si toute la famille doit consommer ce potage), recouvrez les légumes d'eau minérale adaptée pour les enfants en bas âge ou faites cuire les légumes directement dans le lait infantile.
- Cuisez les légumes à feu doux ou moyen le temps nécessaire.
- Mixez le tout et servez.

> ■ ASTUCES ET CONSEILS : ***pour les potages que vous réaliserez par la suite, pensez à la crème de riz pour épaissir la consistance et, plus tard, vers l'âge de un an mais pas avant, vous pourrez lier le potage avec un jaune d'œuf.***

LES PURÉES

Pour préparer une délicieuse purée à bébé, il faut partir sur les mêmes bases de légumes que pour les potages, toujours sans ajout de sel.

Plusieurs ouvrages sur la diversification alimentaire conseillent l'ajout de crème fraîche, de beurre, de lait, de fromage blanc, de Vache qui rit® ou encore de fécule de maïs, type Maïzena, qui possède un fort index glycémique. Vous ne trouverez pas, dans cet ouvrage, de telles recettes, composées d'ingrédients qui n'ont rien à faire dans l'alimentation d'un bébé de 6 mois à 2 ans !

Voici donc quelques idées de purées simples que vous pourrez proposer, dans un premier temps, au repas du midi.

Ingrédients des premières purées

Selon les saisons, choisissez des légumes qui seront bien acceptés par bébé, tant pour le goût que pour la douceur de leurs fibres. Pour l'instant, commencez par les légumes énumérés au paragraphe des bouillons. Les autres seront progressivement introduits lors des prochains mois.

REPÈRES : LES PREMIÈRES HERBES AROMATIQUES

- Aneth
- Basilic
- Cerfeuil
- Ciboulette
- Clou de girofle
- Coriandre
- Cumin
- Estragon
- Laurier
- Noix de muscade
- Persil
- Romarin
- Sarriette
- Sauge
- Thym

Comme pour les potages, faites des purées avec un seul ingrédient, afin de bien habituer bébé à ces goûts nouveaux. Et ce n'est que dans un deuxième temps que vous pourrez mélanger deux ou trois légumes.

Les herbes aromatiques sont également à votre disposition pour relever les purées ; éviter la monotonie des plats et apporter une myriade de substances protectrices.

Préparation des premières purées

- Privilégiez toujours les légumes de saison et, si possible, en provenance de circuits courts, c'est-à-dire ceux cultivés et récoltés dans votre région.
- Lavez, épluchez et épépinez si besoin les légumes.
- Coupez-les en petits dés ou en rondelles et déposez-les dans le panier de votre cuit-vapeur ou directement dans une petite casserole avec un fond d'eau de source et, selon vos envies, un aromate.

- Faites-cuire à feu doux entre 10 et 20 minutes selon la texture des légumes.
- Mixez de façon bien lisse les légumes cuits et servez en vérifiant la température.

> ■ ASTUCES ET CONSEILS : ***si le bac à légumes de votre réfrigérateur est vide, vous pouvez également utiliser des légumes surgelés (sans sauce ajoutée) pour la préparation des premières purées de bébé. Dans ce cas, augmentez juste de quelques minutes le temps de cuisson.***

Zoom sur les bons modes de cuissons

Bien choisir les premiers légumes de bébé est une chose primordiale, mais bien les faire cuire en est aussi une autre, toute aussi importante !

Pour conserver le maximum de saveurs et de qualités nutritionnelles, cuisez les légumes (et les fruits plus tard) à la vapeur douce ou à l'étouffée, sans ajouter de matières grasses au début. Et, surtout, évitez les fritures, les grillades et les cuissons à haute température, à la poêle ou au grill, pour empêcher la formation des produits de glycation avancée. En effet, les aliments trop cuits, portés à haute température, apportent des composés toxiques appelés « produits de glycation avancés », ou AGE, qui accélèrent le vieillissement et exposent au risque de maladie chronique, dont le diabète.

Pas de sel, pas de sucre !

La règle est assez simple avant un an : inutile d'ajouter aux compotes et purées de votre bébé du sel ou du sucre. Ce serait l'habituer trop tôt à ces saveurs. Et puis rappelez-vous que le palais d'un bébé n'est pas doté des mêmes capteurs sensitifs que vous. Goûtez le lait maternel ou les préparations pour nourrissons et vous comprendrez que ce qu'ils apprécient n'est pas forcément à votre goût.

Si vous ajoutez à cet âge du sel ou du sucre, votre enfant risquera plus tard de trouver la nourriture trop fade et aura tendance à rechercher les aliments les plus sucrés et les plus salés pour satisfaire ses envies.

Dans son dernier rapport « Glucides et santé », l'Agence française de sécurité sanitaire des aliments (Afssa) recommande d'ailleurs de « réduire les glucides simples ajoutés, dont la consommation est en augmentation constante ».

On continue par les fruits !

Pour rappel, il est très important de commencer la diversification alimentaire de bébé par les légumes afin qu'il ne s'habitue pas directement au goût sucré des fruits. Quand les premiers bouillons, potages et purées seront bien acceptés, c'est-à-dire environ quinze jours à trois semaines après, vous allez pouvoir ravir les papilles de votre tout-petit en lui proposant des fruits cuits mixés sous forme de compotes, sans sucre ajouté, au repas du midi ou en complément du lait de l'après midi.

Comme pour les légumes, vous devrez choisir des fruits non allergisants et doux pour les intestins en commençant par des compotes monoingrédient, afin de détecter une éventuelle allergie, puis en continuant, si vous le souhaitez, par des duos de fruits.

LES BONS CHOIX PARMI LES PREMIERS FRUITS

- **La pomme :** elle détient une haute teneur en pectine, une fibre soluble efficace pour le transit et pour abaisser l'index glycémique du repas. Bébé aura ainsi faim moins rapidement. Elle est aussi riche en flavonoïdes, des substances protectrices pour les cellules. Acidulée, sucrée, ferme ou plus tendre, elle se décline en de multiples variétés qui peuvent satisfaire tous les petits palais.

- **Le pruneau :** très riche en antioxydants, il est surtout laxatif en raison de sa richesse en fibres et en sorbitol, un sucre-alcool qui n'est que partiellement absorbé, entraînant ainsi une stimulation des mouvements des intestins. Il peut être intégré facilement dans les compotes et peut aussi, plus tard, remplacer le sucre dans les yaourts nature.

- **La banane :** ce fruit sain et digeste se prête bien aux mélanges avec les laits. Elle convient aux estomacs encore fragiles des bébés et participe au maintien des défenses immunitaires, grâce à ses apports en vitamines C et B, en minéraux et en oligoéléments variés (zinc, cuivre, manganèse, sélénium...). Mais attention, bien mûre, son index glycémique est élevé !

- **La poire :** elle possède un goût très apprécié des enfants et, pour les intestins fragiles de bébé, choisissez plutôt des poires à chair non granuleuse (type williams).

• **L'abricot :** il est idéal pour que bébé puisse faire le plein de bêta-carotène (provitamine A), ainsi que de vitamines du groupe B et de vitamine C. De plus, avec une teneur globale de plus de 600 mg aux 100 g, il fait partie des fruits riches en minéraux.

• **La pêche et la nectarine :** consommées mûres à point, leurs fibres sont alors très tendres et agissent sur les intestins avec douceur et efficacité. Elles sont donc très bien indiquées si bébé a tendance à la constipation.

• **Le coing :** grâce à sa richesse en tanins, qui ralentissent le péristaltisme intestinal, et ses pectines capables de retenir une grande quantité d'eau, il possède des propriétés antidiarrhéiques reconnues. De plus, ses tanins jouent un rôle protecteur sur la muqueuse intestinale et ses pectines peuvent adsorber et inhiber les toxines. Des effets intéressants pour lutter contre des bactéries ou des germes indésirables quand on sait que le système immunitaire de bébé n'est pas encore tout à fait au point à cet âge.

Notez que les agrumes en général (citron, orange, clémentine, mandarine, kiwi) ne doivent pas être donnés avant l'âge de un an, et que certains fruits rouges (myrtille, mûre, fraise, framboise, raisin noir et cerise), particulièrement intéressants pour leur teneur en antioxydants protecteurs (caroténoïdes, flavonoïdes...), doivent être donnés à partir de 9 mois si possible, voire un an si des allergies ont déjà été repérées dans la famille.

ZOOM SUR LES JUS DE FRUITS

À cet âge, ils ne doivent pas être un passage obligé. La seule boisson que vous devez proposer à bébé est de l'eau et uniquement de l'eau. Sinon il pourrait s'habituer très rapidement au goût sucré du jus de fruit et refuser l'eau plate. Au fil du temps, vous pourrez lui proposer des tisanes de fleur d'oranger ou encore du rooibos, une plante proche cousine du thé, encore appelée « thé rouge », qui est naturellement sans théine et le plus souvent issue de l'agriculture biologique.

REPÈRES : LES PREMIERS FRUITS

- Abricot
- Banane
- Coing
- Mirabelle
- Nectarine
- Pêche
- Poire
- Pomme
- Prune
- Raisin (sans peau ni pépins)
- Reine-claude

Parmi ces fruits, certains se déclinent en de multiples variétés, comme cela est le cas pour les pommes ou encore les poires. Ainsi, n'hésitez pas à acheter diverses variétés que vous pourrez inclure dans une seule et même compote.

Exemples de compotes basiques

- 60 g de banane
- 30 g d'abricot et 30 g de pêche
- 30 g de pomme et 30 g de coing
- 30 g de prune et 30 g de raisins
- 20 g de banane, 20 g de poire, 20 g d'abricot

Préparation des premières compotes

Lavez, pelez et épépinez les fruits.

Coupez-les en dés ou en rondelles et cuisez-les à la vapeur ou à l'étouffée entre 10 et 15 minutes.

Mixez très finement les fruits et laissez refroidir au réfrigérateur.

■ ASTUCES ET CONSEILS : ***vous allez pouvoir préparer à l'avance de la compote de fruits (ou de la purée de légumes) pour plusieurs repas. Ainsi, les grammages proposés dans ce livre ne doivent être que de simples indications et vous pouvez les doubler ou les tripler afin de réaliser deux ou trois portions au lieu d'une. C'est plus facile et surtout beaucoup plus économique. Investissez juste dans des petits contenants allant au congélateur et n'hésitez pas à congeler l'excédent quand il s'agit de fruits ou de légumes, en prenant soin de bien respecter les règles d'hygiène de la congélation.***

Purée carotte et courgette

Préparation : 5 min

Cuisson : 15 min

››› **Ingrédients :**
- 40 g de carotte
- 40 g de courgette
- 1 pincée de romarin

››› **Lavez** et épluchez les légumes. Si la courgette est issue de l'agriculture biologique, ne l'épluchez pas toute entière et laissez un peu de peau, car c'est dans cette dernière que se concentrent les substances essentielles à la protection des cellules.

Coupez-les en rondelles et laissez cuire à la vapeur ou à l'étouffée, 15 min.

Mixez avec le romarin et servir.

■ ASTUCES ET CONSEILS : ***les fibres de la courgette (qui allient solubles et insolubles) stimulent en douceur le fonctionnement des intestins. Cela en fait un légume idéal pour les premiers temps de la diversification. La courgette est d'autant plus digeste qu'elle est consommée jeune : elle est alors plus riche en fibres tendres et pratiquement dépourvue de petites graines centrales.***

Purée de potimarron et pâtisson

››› **Ingrédients :**
- 40 g de potimarron
- 40 g de pâtisson
- 1 brin de ciboulette

Préparation : 5 min

Cuisson : 20 min

››› Lavez et pelez le potimarron ainsi que le pâtisson.

Coupez la chair de ces deux légumes en petits dés.

Faites-les cuire à la vapeur ou à l'étouffée pendant une vingtaine de minutes.

Mixez avec le brin de ciboulette et servir.

ASTUCES ET CONSEILS : ***le pâtisson se trouve facilement sur les marchés et désormais en grandes et moyennes surfaces. Ce légume fait partie de la grande famille des cucurbitacées, au même titre que le potimarron qui est une variété de courge voisine du potiron.***

Purée de poireau et carotte

››› Ingrédients :
- 40 g de blanc de poireau
- 40 g de carotte
- 1 pincée de thym

Préparation : 10 min

Cuisson : 25 min

››› Lavez et essuyez soigneusement les légumes.

Coupez en lamelles le blanc de poireau et la carotte épluchée.

Faites cuire les légumes et l'aromate dans de l'eau portée à ébullition pendant environ 25 min, ou dans un cuit-vapeur pour conserver toutes les vitamines.

Pour savoir si les légumes sont bien cuits, piquez une rondelle de carotte à l'aide d'un couteau : si elle est molle cela signifie que c'est cuit !

Égouttez l'ensemble et passez le tout au mixeur.

ASTUCES ET CONSEILS : ***pour choisir le poireau, il faut que sa tige blanche soit ferme et charnue, immaculée. Ses feuilles doivent être bien vertes et ne pas laisser apparaître de jaune. Constitué en majeure partie d'eau et avec un excellent indice de satiété, il fait partie des aliments qui apaise la faim rapidement et ainsi évite que bébé ait des fringales entre les repas.***

Compote abricot-pêche

››› **Ingrédients :**
- 30 g d'abricot
- 30 g de pêche

Préparation : 2 min

Cuisson : 10 min

Repos : 20 min

››› Lavez et ôtez la peau des fruits.

Coupez-les en quartier et laissez cuire à la vapeur ou à l'étouffée 10 min.

Mixez et servez frais.

ASTUCES ET CONSEILS : ***vous pouvez également pocher les fruits en les plongeant dans de l'eau bouillante. Cette technique est particulièrement valable pour les fruits qui ne nécessitent pas beaucoup de temps de cuisson, comme la banane ou encore la pêche.***

Compote multipommes

Préparation : 3 min
Cuisson : 10 min
Repos : 20 min

››› **Ingrédients :**
- 20 g de pomme granny smith
- 20 g de pomme golden
- 20 g de royal gala

››› Lavez et épluchez les pommes.

Coupez-les en quartiers et laissez cuire à la vapeur ou à l'étouffée 10 min.

Mixez et servir frais.

Compote pomme-banane-pruneaux

››› **Ingrédients :**

- ½ pomme
- ½ banane
- 2 pruneaux dénoyautés

Préparation : 2 min

Cuisson : 15 min

Repos : 20 min

››› Lavez la pomme et épluchez cette dernière, ainsi que la banane.

Taillez les fruits (pomme, banane et pruneaux) en morceaux.

Faites-les cuire à feu doux dans une petite casserole avec quelques cuillères à soupe d'eau de source, environ 15 min.

Mixez le tout puis laissez refroidir avant de servir.

Organisation nutritionnelle d'une journée d'un bébé entre 6 et 7 mois (à adapter selon l'appétit du bébé)

PETIT DÉJEUNER

- 1 tétée ou 1 biberon de 210 ml de lait de suite

DÉJEUNER

- 60 g de purée de légumes cuits mixés sans sel ajouté
- 1 tétée ou un biberon de 150 ml de lait de suite

GOÛTER

- 60 g de compote de fruits cuits mixés sans sucre ajouté
- 1 tétée ou un biberon de 150 ml de lait de suite

DÎNER

- 60 ml de potage de légumes sans sel ajouté
- 1 tétée ou un biberon de 150 ml de lait de suite

Liste de courses pour un bébé entre 6 et 7 mois

LAIT ET PRODUITS LAITIERS

- Lait de suite (si bébé n'est pas allaité)

LÉGUMES

- Blette
- Brocoli
- Carotte
- Courge butternut
- Courgette
- Endive
- Épinard
- Fenouil
- Haricot vert ou haricot beurre
- Laitue
- Patate douce
- Pâtisson
- Poireau
- Potiron et potimarron

FRUITS

- Abricot
- Banane
- Coing
- Mirabelle
- Nectarine
- Pêche
- Poire
- Pomme
- Prune (et pruneau)
- Raisin (sans peau ni pépins)
- Reine-claude

AROMATES

- Aneth
- Basilic
- Cerfeuil
- Ciboulette
- Clou de girofle
- Coriandre
- Cumin
- Estragon
- Laurier
- Noix de muscade
- Persil
- Romarin
- Sarriette
- Sauge
- Thym

7 MOIS

Conseils et recettes au quotidien

Mon enfant grandit

- **Il mesure :**

....

- **Il pèse :**

....

Ses goûts se diversifient

- **Les légumes qu'il adore :**

....

....

- **Les fruits qu'il adore :**

....

....

Les grands repères des 7 mois

De la patience !

Les parents sont quelquefois impatients de faire découvrir de nouvelles saveurs à leur enfant. Ils souhaitent inconsciemment le voir grandir plus vite et le servent « comme un grand », tant au niveau de la quantité que de la qualité. Il n'y a pas d'urgence, au contraire !

Prenez le temps de faire découvrir les aliments et les saveurs à bébé. S'il refuse un nouvel aliment un jour, ne vous braquez pas et recommencez une autre fois ! Et surtout, n'angoissez pas quand vous lui proposerez de nouveau cet aliment qu'il a refusé quelques jours plus tôt. Plus vous serez calme et détendu et plus bébé le sera ; il acceptera volontiers de vous faire plaisir en goûtant de nouveau.

On commence les aliments d'origine animale

En un mois, vous avez certainement proposé de nombreux fruits et légumes à bébé. Désormais, vous allez pouvoir lui proposer, au repas du midi, environ 10 g de viande (veau, dinde, poulet, morceaux de bœuf peu gras) ou de jaune d'œuf cuit, qui sont de bonnes sources de fer, de zinc et de protéines. N'abusez pas des charcuteries, y compris les jambons de porc et de volaille, qui contiennent un mélange « fer + nitrites » responsable de cancers digestifs chez l'adulte et donc dommageable pour les jeunes intestins de bébé.

Le poisson, quant à lui, est généralement préconisé à partir de un an (surtout dans les familles où il existe des antécédents d'allergie). Si vous souhaitez donner du poisson à votre enfant, choisissez de préférence des poissons petits (sardines, maquereaux frais) ou issus de l'élevage bio (truites bio). Les gros poissons (thons, saumons, etc.) renferment beaucoup de polluants, de métaux lourds, mieux vaut donc les éviter.

REPÈRES SUR LES PREMIÈRES PROTÉINES ANIMALES

- Agneau
- Bœuf (fraichement haché à 5 % de matière grasse)
- Dinde
- Jambon blanc (découenné)
- Œuf de poule élevée en plein air ou bio
- Porc (filet mignon)
- Poulet (blanc sans peau)
- Veau

Les céréales

Bon nombre de parents ajoutent rapidement à l'alimentation de leur petit enfant des farines au biberon du soir afin de s'assurer une bonne nuit, car c'est bien connu, les céréales, ça cale !

Un seul conseil : ne commencez jamais la diversification par les céréales, même sans gluten. Elles ne sont pas indispensables à un nouveau-né car elles apportent beaucoup de calories et très peu de substances essentielles à son développement. Elles ne devraient jamais être données au biberon, sauf si le médecin le conseille, par exemple en cas de reflux.

Commencez donc toujours par les légumes et les fruits, et ce n'est qu'ensuite que vous pourrez proposer des céréales, sans gluten dans un premier temps, pour minimiser le risque d'allergie.

REPÈRES SUR LES PREMIÈRES CÉRÉALES (SANS GLUTEN

- Riz
- Maïs
- Millet
- Sarrasin
- Quinoa, qui n'est pas exactement une céréale

Pour aller un peu plus loin dans ce chapitre relatif aux céréales qui font débat, je voudrais juste attirer votre attention sur la composition des « premières céréales » que vous pouvez trouver en rayon. En effet, si vous souhaitez en ajouter au biberon de votre bébé, il vous faudra vous armer de lunettes pour bien les choisir et absolument vérifier l'absence de sucre et d'autres composés indésirables dans la liste des ingrédients. Si vous lisez dans cette liste les termes suivants, laissez le produit en rayon : sucre, maltodextrine, amidon transformé, huile de palme, arôme non naturel de vanille (vanilline), etc.

Et les pommes de terre ?

Bon nombre de recettes pour bébé sont basées sur l'utilisation des pommes de terre. En effet, dans l'inconscient collectif, la pomme de terre est un légume qui se digère lentement et, ainsi, qui permet de « caler » bébé plus longtemps.

Tout d'abord, rappelons ici que la pomme de terre n'est pas un légume, mais bel et bien un tubercule qui n'a pas du tout la même qualité nutritionnelle que les légumes dits « verts ».

D'autre part, malgré ce que l'on vous a toujours dit et que l'on continue à vous rabâcher, la pomme de terre se digère vite ! Et plus elle sera consommée sous forme de purée, plus elle élèvera la glycémie rapidement et provoquera, par la suite, une hypoglycémie.

L'index glycémique (livre encadré page xx) de la « patate » de nos contrées est donc élevé, voire très élevé si elle est consommée mixée, comme c'est le cas pour bébé.

Alors, faut-il pour autant la bannir totalement des assiettes ? Non, bien sûr, puisque aucun aliment ne doit être interdit ; mais il vous faudra garder en tête qu'une fois par semaine est un bon rythme et une règle générale à mettre en place au sein du planning alimentaire de l'ensemble de la famille. Et ne croyez pas que le panais est mieux puisque son index glycémique est également très élevé !

La patate douce, quant à elle, est cultivée aux Antilles. Même si elle se cuisine de la même façon, elle n'appartient pas à la même famille que la pomme de terre. Et son index glycémique, beaucoup plus bas, lui permet d'être facilement utilisée dans les purées, ou encore dans les soupes de bébé et, plus tard, dans les hachis, en se basant sur le remplacement de la pomme de terre par « moitié patate douce, moitié chou-fleur ».

ZOOM SUR LE BABYCOOK®

Comme nous l'avons déjà vu, la cuisson à la vapeur sera toujours à privilégier pour un tout-petit. Or, il n'est pas toujours simple de lancer le gros cuit-vapeur pour seulement une carotte et un blanc de poireau !
Il existe donc un petit robot ménager, le Babycook®, qui permet de composer de bons petits plats quotidiens pour votre enfant sans trop de vaisselle !
En effet, une dizaine de minutes suffisent pour préparer de délicieuses purées et compotes ainsi que pour cuire les poissons et les viandes, sans avoir besoin de surveiller la cuisson et sans avoir à sortir le mixeur par la suite.
L'investissement en vaut la peine et, si vous n'avez pas les moyens, n'hésitez pas à regarder ceux d'occasion dans les vide-greniers et sur certains sites internet.

Les desserts lactés

Certaines marques spécifiques pour bébé disent que : « Les crèmes desserts représentent un complément idéal pour diversifier et équilibrer l'alimentation de bébé » ! Et aussi qu'ils « répondent aux besoins nutritionnels et à l'évolution de bébé » !

Posez-vous la question une seconde : un nourrisson de 7 mois a-t-il vraiment besoin d'un dessert ? La réponse doit être claire dans votre esprit : pas de dessert à cet âge !

En effet, les crèmes dessert au lait sont peut-être sans gluten, au lait infantile, et donc riche en calcium, mais surtout enrichies en sucre, caramel pour certaines, amidon reconstitué de maïs, matière grasses laitières, huile de soja ou de palme, maltodextrine et saccharose ! Ainsi, on retrouve dans ces desserts trois fois plus de glucides que dans un yaourt normal non sucré !

Les desserts « plaisir » ne doivent pas être envisagés à cet âge. Les desserts en tant que « fin de repas » doivent être en priorité des compotes de fruits, ne l'oubliez pas !

Soupe orangée d'Halloween

Préparation : 10 min

Cuisson : 20 min

››› **Ingrédients :**
- 80 g de potiron
- 40 g de carottes
- 1 bouquet garni (persil, thym, une feuille de laurier)

››› Lavez, pelez et coupez les légumes en petits dés.

Dans une casserole, recouvrez tous les légumes d'eau et ajoutez le bouquet garni ficelé.

Laissez cuire 20 min puis passez au mixeur après avoir retiré le bouquet garni.

Servez à température ambiante.

■ ASTUCES ET CONSEILS : ***citrouille ou potiron ? Tous deux appartiennent à la grande famille des cucurbitacées et sont en fait des fruits. La pulpe du potiron aurait un goût plus fin que celui de la citrouille… Mais en matière de goûts, nous sommes tous différents, votre bébé aussi !***

Filet mignon et sa purée de patate douce

Préparation : 5 min

Cuisson : 15 min

››› **Ingrédients :**
- 10-15 g de filet mignon
- 120 g de patate douce (épluchée)
- 60 ml d'eau
- 1 branche de thym

››› Pelez et coupez la patate douce en petits dés.

Prélevez 10-15 g de filet mignon sur la pièce familiale.

Mettez dans une petite casserole les dés de patate douce, les petits morceaux de viande, la branche de thym et le fond d'eau.

Faites cuire à l'étouffée pendant 15 min.

Mixez le tout et servez tiède.

■ ASTUCES ET CONSEILS : ***généralement, il est très facile de trouver dans les supermarchés des variétés de patate douce à chair orange, mais il existe également des variétés à chair pourpre qui peuvent mettre une jolie couleur dans les assiettes de votre enfant.***

Première papillote : dinde et poireau

››› Ingrédients :
- 10-15 g de blanc de dinde (escalope)
- 120 g de blanc de poireau
- 1 brin d'estragon

Préparation : 5 min

Cuisson : 20 min

››› Préchauffez votre four à 210 °C (Th. 7).

Lavez les blancs de poireau et les émincés finement.

Faites-les cuire à la vapeur environ 10 min.

Sur une feuille de papier sulfurisé, déposez un lit de poireau, le petit morceau de blanc de dinde et le brin d'estragon.

Enfournez 10 min.

Retirez le brin d'estragon et mixez le poireau et le poulet.

Servez tiède.

■ ASTUCES ET CONSEILS : ***quand votre enfant pourra mâcher, vous pourrez directement lui servir la papillote entière, sans la mixer. D'ailleurs, ce type de plat peut être réalisé pour toute la famille, en adaptant les quantités selon l'âge.***

Courgettes façon « parmentier des Antilles »

››› Ingrédients :
- 1 petite courgette
- 60 g de patate douce
- 10 g de jambon blanc découenné (à teneur réduite en sel)
- 1 cc d'huile de colza pression à froid

Préparation : 5 min

Cuisson : 15 min

››› Lavez, épluchez puis taillez les légumes en dés.

Faites cuire les dés de légumes à la vapeur pendant 15 min.

Dans un ramequin ou une jolie verrine transparente, déposez au fond le jambon blanc mixé finement, puis ajoutez une couche de courgette mixée et terminez par une couche de patate douce.

■ ASTUCES ET CONSEILS : ***le jambon cuit dégraissé est un aliment maigre (3 à 5 % de graisses). Vous pouvez donc l'intégrer aux repas de bébé en prenant soin de bien le choisir à teneur réduite en sel et une seule fois par semaine si possible.***

Fondue d'artichaut au poulet

Préparation : 20 min

Cuisson : 15 min

››› **Ingrédients :**
- 1 artichaut (ou 130 g de fond d'artichaut)
- 1 cs de jus de citron
- 10-15 g d'escalope de poulet

››› Faites cuire 10 min l'artichaut dans un peu d'eau bouillante avec la cuillère à soupe de jus de citron.

Une fois cuit, dégagez le fond d'artichaut et n'en gardez que 130 g pour bébé.

Prélevez 10-15 g de poulet sur l'escalope familiale et faites-la cuire 3 à 5 min à la vapeur.

Mixez le tout en ajoutant un peu d'eau si nécessaire (selon la consistance voulue).

Vérifiez bien la température avant de servir.

■ ASTUCES ET CONSEILS : ***l'artichaut est une excellente source de fibres qui contribue au bien-être intestinal de votre bébé. Vous pouvez servir ce plat à bébé à partir de 6 mois, sans le poulet.***

Purée « Ripotiron » pour le soir

Préparation : 5 min

Cuisson : 15 min

››› **Ingrédients :**
- 100 g de potiron ou de potimarron
- 30 g de riz basmati
- 1 branche de persil

››› Faites cuire le potiron ou le potimarron entier à la vapeur.

Une fois cuit, prélevez 100 g de chair.

Dans le même temps, cuisez le riz dans une petite casserole d'eau bouillante, selon le temps indiqué sur le paquet, et égouttez-le une fois cuit.

Mixez ensemble la chair du potiron, le riz et le persil.

■ ASTUCES ET CONSEILS : ***pour donner plus de goût au riz, n'hésitez pas à le faire cuire dans un bouillon de légumes maison sans sel. Pour cela, ayez toujours au congélateur du bouillon de légumes non salé, c'est-à-dire l'eau de cuisson des légumes dont vous ne vous êtes pas servi. Vous pourrez ainsi l'utiliser pour cuire les céréales mais également la viande et le poisson de bébé.***

Organisation nutritionnelle d'une journée d'un bébé entre 7 et 8 mois (à adapter selon l'appétit de bébé)

PETIT DÉJEUNER

- 1 tétée ou 1 biberon de 210 ml de lait de suite

DÉJEUNER

- 130 g de purée de légumes cuits mixés sans sel ajouté
- 2 cuillères à café de viande ou jaune d'œuf cuit (10 g)
- 100 g de compote de fruits cuits mixés sans sucre ajouté

GOÛTER

- 60 g de compote de fruits cuits mixés sans sucre ajouté
- 1 tétée ou un biberon de 150 ml de lait de suite

DÎNER

- 100 g de purée de légumes cuits mixés sans sel ajouté
- 20 g de céréales sans gluten
(ou 130 g de purée de légumes cuits mixés sans sel ajouté)
- 1 tétée ou un biberon de 210 ml de lait de suite

Liste de courses pour un bébé entre 7 et 8 mois

LAIT ET PRODUITS LAITIERS
• Lait de suite (si bébé n'est pas allaité)
LÉGUMES
• Asperge
• Blette
• Brocoli
• Carotte
• Courge butternut
• Courgette
• Endive
• Épinard
• Fenouil
• Haricot vert ou haricot beurre
• Laitue
• Patate douce
• Pâtisson
• Poireau
• Potiron et potimarron
FRUITS
• Abricot
• Banane
• Coing
• Mirabelle
• Nectarine
• Pêche
• Poire
• Pomme
• Prune (et pruneau)
• Raisin (sans peau ni pépins)
• Reine-claude
VIANDES, ŒUFS
• Agneau
• Bœuf (fraîchement haché à 5 % MG)
• Dinde
• Jambon blanc (découenné)
• Œuf de poule élevée en plein air ou bio
• Porc (filet mignon)
• Poulet (blanc sans peau)
• Veau
CÉRÉALES
• Riz basmati
• Quinoa
• Millet
• Sarrasin

AROMATES
• Aneth
• Basilic
• Cerfeuil
• Ciboulette
• Clou de girofle
• Coriandre
• Cumin
• Estragon
• Laurier
• Noix de muscade
• Persil
• Romarin
• Sarriette
• Sauge
• Thym

8 MOIS

Conseils et recettes au quotidien

Mon enfant grandit

- Il mesure :

....

- Il pèse :

....

Ses goûts se diversifient

- Les légumes qu'il adore :

....

....

- Les fruits qu'il adore :

....

....

- Les viandes qu'il adore :

....

....

Les grands repères des 8 mois

Mettre à l'honneur les bonnes graisses

Depuis les années 1980 et la mode du « tout light », les graisses ont mauvaise publicité. D'ailleurs, ne dit-on pas : « mangez moins gras, moins sucré et moins salé » ?

Toutefois, ce n'est certainement pas une bonne idée de donner à un bébé un régime pauvre en graisses. Le cerveau, le système nerveux et le système visuel de votre enfant ont besoin de graisses. Oui, mais bien évidemment, pas n'importe lesquelles !

Certaines s'appellent **choline** et **phosphatidylcholine** et sont utilisées par les neurones comme aliment de leur croissance et comme support de la mémoire. La choline est ajoutée aux formules de lait infantile mais elle n'est pas reconnue comme une vitamine, c'est-à-dire comme un nutriment indispensable.

C'est une erreur car de très nombreuses études ont montré que la méthionine, l'acide aminé à partir duquel la choline est théoriquement fabriquée, se révèle souvent incapable d'assurer cette transformation dans des quantités suffisantes. Ainsi, il est important de donner à votre enfant une alimentation riche en choline ou en phosphatidylcholine, sa cousine.

Une autre graisse cruciale est le **cholestérol**, qui entre dans la composition des membranes cellulaires et participe à la production de nombreuses hormones. Le lait maternel apporte d'ailleurs du cholestérol au bébé, alors il ne faut pas le supprimer au moment de la diversification alimentaire.

Enfin, le cerveau et le système visuel du bébé ont besoin d'acides gras à longues chaînes qu'on appelle **acide arachidonique** (oméga-6) et **acide docosahexaénoïque** ou **DHA** (oméga-3).

On trouve ces acides gras dans le poisson gras, mais comme celui-ci n'est pas conseillé avant le premier anniversaire, il faut faire autrement.

Concrètement, on fait comment alors ? Le premier bon geste consiste donc à inclure des graisses dans l'alimentation de bébé mais attention, toutes les graisses ne se valent pas.

Ainsi, le **beurre** n'est pas un incontournable de la cuisine de bébé ! Il peut parfaitement avoir sa place une ou deux fois par semaine, ajouté cru sur les aliments pour apporter un peu de vitamine A, mais ne sera en aucun cas un passage obligé, car sa teneur en acides gras saturés demeure importante pour un petit organisme. Quand à l'utiliser pour la cuisson, mieux vaut éviter d'y penser.

À la place, il faudra plutôt lui préférer :

- l'**huile de colza** qui apporte le précurseur des acides gras à longues chaînes, l'acide alpha-linolénique, qui est d'ailleurs présent dans les laits infantiles ;
- ou encore l'**huile d'olive** que vous choisirez de préférence de première pression à froid et biologique.

Vous pourrez ainsi facilement ajouter aux purées de légumes du déjeuner une demi-cuillère à café d'huile de colza ou un mélange moitié huile d'olive, moitié huile de colza.

Le deuxième bon geste consiste à donner à votre enfant un peu de **jaune d'œuf (cuit)**, à condition qu'il soit issu de poules nourries avec des graines de lin ou de poules élevées en plein air, car ce jaune d'œuf riche en oméga-3 est proprement remarquable : il apporte de la phosphatidylcholine, du cholestérol, des acides gras à longues chaînes dont le DHA et, en prime, du fer et de la lutéine, le pigment de la rétine !

Attention, seul le jaune d'œuf cuit est autorisé à cet âge car le blanc d'œuf est très allergisant. Vous attendrez le premier anniversaire de bébé pour pouvoir lui donner l'œuf entier.

ZOOM SUR LE JAUNE D'ŒUF

Une étude de 2002 a comparé des enfants âgés de 6 à 12 mois qui recevaient des jaunes d'œuf, des jaunes enrichis en oméga-3 et des enfants qui n'en consommaient pas. Les enfants qui avaient consommé du jaune d'œuf avaient un meilleur statut en fer que ceux n'en mangeant pas ; ceux qui avaient consommé du jaune d'œuf enrichi en oméga-3 avaient, de surcroît, 30 à 40 % de DHA en plus que les autres, un atout pour le QI et la vision. Et rassurez-vous, les taux sanguins de cholestérol étaient normaux !

Si enfant, on vous a habitué à consommer de l'huile de foie de morue, sachez que cette cuillère était surtout destinée à apporter deux vitamines liposolubles : la vitamine A et la vitamine D, mais également du DHA, un acide gras oméga-3 à longue chaîne très important pour le cerveau. Vous pouvez faire subir le même supplice à vos enfants ou opter pour des compléments alimentaires sans goût qui en fournissent des quantités suffisantes quand votre pitchoun aura soufflé sa première bougie.

Les céréales avec gluten

Comme nous l'avons vu au chapitre précédent, les céréales qui ne contiennent pas de gluten sont le riz, le millet, le sarrasin, le maïs et le quinoa. Ce sont elles qui seront à introduire en premier dans l'alimentation de bébé.

Durant ce mois, vous pourrez initier bébé aux céréales contenant ce fameux gluten qui est, pour rappel, une protéine présente dans certaines céréales : le blé, l'avoine, le seigle, l'orge ainsi que dans le froment, le kamut et l'épeautre qui sont des variétés de blé.

La véritable « intolérance » au gluten est appelée maladie cœliaque et se traduit généralement, dès l'introduction de céréales contenant du gluten, par de violentes diarrhées qui ne peuvent pas passer inaperçues. L'hospitalisation est souvent indispensable pour soulager non seulement le nourrisson mais aussi aider les parents, puisqu'un régime alimentaire spécifique devra être mis en place obligatoirement pour éliminer toute trace de gluten dans l'alimentation du tout-petit.

À côté de la maladie cœliaque existe également l'intolérance au gluten. Tout comme l'intolérance au lactose, elle se manifeste en général par des troubles digestifs avec des selles très molles mais aussi par des manifestations de type eczéma, hyperactivité, agressivité voire des troubles autistiques dans les formes les plus graves.

Les céréales contenant du gluten sont également soupçonnées de favoriser certaines maladies auto-immunes comme le diabète de type I, si elles sont introduites trop tôt dans l'alimentation du nourrisson, c'est-à-dire au cours des trois premiers mois, ou encore trop tard.

Le bon moment est donc pendant ce mois-ci, mais toujours en très petites quantités et seulement après que les fruits et les légumes aient été introduits, car les céréales ont tendance à diminuer l'absorption de certains minéraux indispensables comme le calcium ou encore le zinc.

REPÈRES SUR LES CÉRÉALES CONTENANT DU GLUTEN

- Avoine
- Blé et ses dérivés (pâtes, pain, farine de blé)
- Boulgour (Blé concassé, partiellement cuit à la vapeur)
- Épeautre
- Kamut (variété de blé)
- Orge
- Seigle

Le pain est-il essentiel pour calmer les douleurs des premières dents ?

Malgré ce que certains messages publicitaires laissent entendre, la baguette ou le pain blanc sont loin d'être des aliments de base pour bébé ni, d'ailleurs, pour toute la famille !

Dépourvus de fibres, de minéraux, de vitamines et possédant un index glycémique élevé, ils s'apparentent plus à des « calories vides » qu'à une réelle nécessité.

Donner à un enfant de moins de un an un morceau de pain blanc dur pour qu'il « fasse ses dents », c'est en réalité l'habituer à mâchouiller un aliment peu recommandable en dehors des repas et prendre le risque qu'il l'associe, par la suite, à un moment de plaisir.

Donc une seule recommandation à ce sujet : évitez au maximum les aliments, surtout de ce type, en dehors des repas.

Si vraiment vous voulez l'initier au pain, faites-le avec un pain multifarines, c'est-à-dire composé de deux ou plusieurs farines : farine de blé et farine de seigle ou farine de blé et farine d'orge ou encore d'avoine, et surtout fermenté à base de levain, sans levures, afin que tous les nutriments essentiels soient bien assimilés par l'organisme de votre enfant.

Les céréales : la base de l'alimentation ?

Les céréales constituent souvent la base des pyramides alimentaires. C'est en effet le cas dans la pyramide du Programme national nutrition santé (PNNS).

Toutefois, celles-ci ne devraient jamais occuper ce socle et devraient plutôt être reléguées au deuxième rang, en fonction de l'activité physique, et toujours accompagnées d'une solide quantité de légumes et de fruits dans le même repas.

Rappelez-vous : la base de l'alimentation sera toujours et encore les légumes, les fruits et les légumineuses, qui pourront être introduites dès l'âge de 18 mois.

Pour ou contre les biscuits au goûter ?

Certaines marques proposent des biscuits dès l'âge de 8 mois. Ils ont certes une texture et une taille adaptées à la main et à la bouche d'un enfant de cet âge, et contiennent peut-être deux fois moins de sucre qu'un boudoir classique, mais n'oubliez jamais que ce sont des friandises parfaitement inutiles pour « faciliter la percée dentaire » comme l'indiquent les fabricants !

Existent également des marques de boudoirs « bio » qui ne sont constituées que de farine de froment, d'œufs, de sucre et ont une bonne saveur due à l'huile essentielle d'orange.

Toutefois, ces biscuits, de par leur forte densité calorique et leur apport en sucre non négligeable, sont parfaitement inutiles au quotidien et sont seulement à réserver pour une occasion spéciale ou au rythme d'un par semaine à cet âge.

ZOOM SUR LE FROMAGE

La découverte des saveurs des fromages peut se faire dès l'âge de 8 mois, avec des fromages maigres et peu salés comme le fromage de chèvre doux.
Évitez au maximum les fromages à pâte fondue, type Vache qui Rit® ou Boursin®, et tous les fromages industriels transformés qui contiennent des additifs et du sel en excès.
Un seul mot d'ordre est de mise : variez au maximum les provenances et ne vous bornez pas aux fromages de vache.
Tentez les fromages de brebis et de chèvre pour toute la famille.
Plus tard, vous pourrez aussi varier les consistances en alternant, dans votre liste de courses d'une semaine sur l'autre, les fromages à pâte dure, ceux à pâte molle et, enfin, jouer sur l'affinage pour éveiller le palais de bébé.

Purée d'artichaut et patate douce

Préparation : 5 min

Cuisson : 20 min

››› **Ingrédients :**

- 1 artichaut
- 40 g de patate douce épluchée

››› Pelez la patate douce et coupez-la en dés.

Coupez le tronc de l'artichaut et faites-le cuire à la vapeur 20 min.

Prélevez 40 g environ du cœur de l'artichaut (en prenant soin qu'il ne reste pas de poils).

Mixez la patate douce et le cœur d'artichaut.

■ ASTUCES ET CONSEILS : ***quand les feuilles de l'artichaut se détachent facilement, vous pouvez cesser la cuisson, car il est suffisamment cuit.***

Purée rouge orangé

Préparation : 5 min

Cuisson : 15 min

››› **Ingrédients :**
- 70 g de betterave crue
- 60 g de carotte crue
- 1 pincée de thym
- ½ cc d'huile d'olive

››› Pelez la betterave et la carotte.

Coupez la betterave en dés et la carotte en rondelles.

Faites cuire à la vapeur ou à l'étouffée.

Quand la pointe d'un couteau traverse facilement la chair des cubes de betterave rouge, arrêtez le feu.

Passez au mixeur les légumes, la demi-cuillère à café d'huile d'olive et ajoutez la pincée de thym.

■ ASTUCES ET CONSEILS : ***comme nous l'avons déjà abordé, essayez de mettre des couleurs vives dans les assiettes de bébé car l'apprentissage du goût passe avant tout par les yeux ! Variez au maximum les couleurs et, surtout, dites-lui à chaque fois la couleur dominante et les légumes qui compose son repas. C'est une excellente habitude à prendre dès le plus jeune âge.***

Purée verte

Préparation : 5 min

Cuisson : 15 ou 20 min

››› **Ingrédients :**

- 50 g de brocolis (frais ou surgelés)
- 40 g d'épinards (frais ou surgelés)
- 40 g de haricots verts (frais ou surgelés)
- 1 pincée d'estragon
- ½ cc d'huile d'olive

››› Si les légumes sont frais, lavez-les et ne gardez que les plus beaux haricots verts équeutés, que les plus belles feuilles d'épinards et les plus beaux bouquets de brocoli.

Faites cuire les trois légumes à la vapeur pendant 15 min.

Si vos légumes sont surgelés, faites les cuire un peu plus longtemps (une vingtaine de minutes).

Une fois cuits, mixez-les avec la pincée d'estragon et l'huile d'olive.

■ ASTUCES ET CONSEILS : ***la tige du brocoli doit être ferme, sa tête doit être compacte et, surtout, ne pas laisser apparaître de colorations jaunes, car ces dernières sont le signe que le brocoli n'est plus frais et qu'il peut avoir un goût légèrement amer.***

Purée façon « riz cantonais »

››› Ingrédients :
- 30 g de riz basmati (cuit)
- 70 g de petits pois frais
- 2 cc de jambon blanc découenné pauvre en sel
- ½ cc d'huile de colza

Préparation : 5 min

Cuisson : 15 min

››› Faites cuire le riz pendant 11-12 min puis égouttez-le en conservant l'eau de cuisson.

Pendant ce temps faites cuire les petits pois frais ou surgelés pendant 10-15 min.

Dans le mixeur déposer le riz cuit, les petits pois cuits, le jambon et l'huile de colza.

Selon la consistance souhaitée, ajoutez entre 60 et 120 ml de l'eau de cuisson du riz.

Mixez le tout.

■ ASTUCES ET CONSEILS : ***le riz basmati est riche en amylose. L'amylose est l'une des deux molécules constitutives de l'amidon. Plus un riz en contient, plus il sera ferme et plus son index glycémique sera favorable. Un grain de riz non cuit riche en amylose se reconnaît à son aspect translucide. Un grain de riz riche en amylopectine a l'aspect opaque.***

Poulet sucré-salé

Préparation : 10 min

Cuisson : 15 min

››› **Ingrédients :**
- 1 petit abricot frais
- 10 g de blanc de poulet (prélevé sur le plat familial)
- 20 g de quinoa
- 1 pincée de cannelle

››› Rincez et faites cuire le quinoa pendant 15 min dans deux fois son volume d'eau.

Pendant ce temps, lavez et dénoyautez l'abricot.

Coupez-le en petits dés afin d'en faciliter la cuisson.

Faites-le cuire avec la pincée de cannelle, dans une petite casserole, pendant 5 min à feu doux.

Ensuite ajoutez le petit morceau de blanc de poulet coupé et continuez la cuisson 10 min.

Une fois le quinoa, l'abricot et le poulet cuits, mixez le tout ensemble.

Servez tiède.

■ ASTUCES ET CONSEILS : ***avec 13 g pour 100 g de protéines, le quinoa se distingue des céréales par l'excellente qualité de ses protéines qui sont mieux équilibrées que ses cousines.***

Compote « prunettes » du déjeuner

Préparation : 5 min

Cuisson : 15 min

››› **Ingrédients :**
- 60 g de reine-claude
- 60 g de mirabelles
- 1 pruneau

››› Lavez et dénoyautez les prunes et le pruneau.

Coupez les fruits en petits morceaux.

Faites-les cuire dans une petite casserole, avec un fond d'eau, environ 15 à 20 min.

Passez le tout au mixeur et laissez refroidir.

Servez tiède ou froid.

■ ASTUCES ET CONSEILS : ***cette compote est parfaite si bébé a tendance à la constipation, car les prunes sont réputées pour faciliter le bon fonctionnement des intestins de par leur richesse en fibres et la présence de sorbitol qui aide à lutter contre la paresse intestinale.***

Organisation nutritionnelle d'une journée d'un bébé entre 8 et 9 mois (à adapter selon l'appétit de bébé)

PETIT DÉJEUNER

- 1 tétée ou 1 biberon de 210 ml de lait de suite

DÉJEUNER

- 130 g de purée de légumes cuits mixés sans sel ajouté
- 2 cc de viande ou jaune d'œuf cuit
- ½ cc d'huile de colza dans sa purée de légumes
- 100 g de compote de fruits cuits mixés sans sucre ajouté

GOÛTER

- 60 g de compote de fruits cuits mixés sans sucre ajouté
- 1 tétée ou un biberon de 150 ml de lait de suite

DÎNER

- 100 g de purée de légumes cuits mixés sans sel ajouté +
- 20 g de céréales avec ou sans gluten

(ou 130 g de purée de légumes cuits mixés sans sel ajouté)

- 1 tétée ou un biberon de 210 ml de lait de suite

Liste de courses pour un bébé entre 8 et 9 mois

LAIT ET PRODUITS LAITIERS
• Lait de suite (si bébé n'est pas allaité)
• Fromages de vache, de chèvre ou de brebis
LÉGUMES
• Artichaut
• Asperge
• Betterave
• Blette
• Brocoli
• Carotte
• Courge butternut
• Courgette
• Endive
• Épinard
• Fenouil
• Haricot vert ou haricot beurre
• Laitue
• Patate douce
• Pâtisson
• Petit pois
• Poireau
• Potiron et potimarron

FRUITS
• Abricot
• Banane
• Coing
• Mirabelle
• Nectarine
• Pêche
• Poire
• Pomme
• Prune et pruneau
• Raisin (sans peau ni pépins)
• Reine-claude
VIANDES, ŒUFS
• Agneau
• Bœuf (fraîchement haché à 5 % MG)
• Dinde
• Jambon blanc (découenné)
• Œuf de poule élevée en plein air ou bio
• Porc (filet mignon)
• Poulet (blanc sans peau)
• Veau

HUILES
• Huile de colza (pression à froid)
• Huile d'olive (pression à froid)
CÉRÉALES
• Boulgour
• Millet (décortiqué ou farine)
• Orge (mondé ou perlé)
• Pâtes (vermicelles ou alphabet)
• Quinoa
• Riz basmati
• Sarrasin (décortiqué ou farine)
AROMATES
• Ail
• Aneth
• Basilic
• Cerfeuil
• Ciboulette
• Clou de girofle
• Coriandre
• Cumin
• Estragon
• Laurier
• Noix de muscade
• Oignon
• Persil
• Romarin
• Sarriette
• Sauge
• Thym

9 MOIS

Conseils et recettes au quotidien

Mon enfant grandit

- Il mesure :

....

- Il pèse :

....

Ses goûts se diversifient

- Les légumes qu'il adore :

....

....

- Les fruits qu'il adore :

....

....

- Les viandes qu'il adore :

....

....

- Les fromages qu'il adore :

....

....

- Les céréales qu'il adore :

....

....

Les grands repères des 9 mois

L'impact des sens sur l'alimentation

Lors de la diversification alimentaire, bébé aura recours à tous ses sens, et pas uniquement au goût comme on pourrait le penser au premier abord.

La vue : varier les couleurs dans l'assiette de bébé est primordial et la variété de fruits et de légumes disponibles dans les étals pourra faire de chaque plat un vrai régal pour les yeux avant même qu'il n'entre en contact avec ses papilles ! Et pour éveiller sa curiosité, faites des présentations ludiques en jouant sur les couleurs des contenants et des contenus !

L'odeur : le goût des aliments est en étroite relation avec l'odorat et d'ailleurs, lorsque bébé est enrhumé, il arrive qu'il refuse de manger. Il ne faut surtout pas s'en inquiéter mais renouveler l'aliment ultérieurement. Et quand tout va bien, le simple fait de sentir les aliments enclenche chez lui le mécanisme de digestion. Rappelez-vous que l'appétit vient tout d'abord en sentant !

L'ouïe : un bruit de casserole ou de poêle, une assiette que l'on pose sur la table et bébé est déjà souriant. Alors ne négligez pas la parole, dites-lui que vous êtes sur le point de préparer son repas, racontez-lui ce que vous faites et il prendra petit à petit la mesure de vos actes : pour manger, il faut un minimum de préparation car, pour rappel, manger ce n'est pas ouvrir le congélateur pour en sortir un plat surgelé, le passer au four à micro-ondes et le mettre sur la table !

Le toucher : pour l'instant, il est un peu tôt pour qu'il « joue » avec la nourriture pendant que vous lui préparez à manger, car il risquerait de faire une fausse route avec des petits morceaux. Toutefois, rien ne vous empêche de lui laisser son assiette ou son bol, s'ils ne se cassent pas, sa petite cuillère et son gobelet d'eau : à défaut de toucher le contenu, bébé va déjà s'approprier le contenant !

Et enfin, **le goût et les saveurs :** les adultes savent distinguer cinq saveurs principales : sucré, acide, salé, amer et *umami* (un goût unique du glutamate monosodique et des substances qui lui sont associées). La capacité à détecter ces saveurs varie selon les stades du développement.

Sucré : les bébés naissent avec une préférence innée pour les goûts sucrés. Ils savent d'ailleurs distinguer les différents types de sucres et préfèrent le saccharose et le fructose aux sucres moins doux comme le glucose et le lactose. On pense que cette préférence pour le sucré reflète l'exposition du fœtus au liquide amniotique, lui aussi sucré.

Certains chercheurs pensent que le goût pour le sucré a une fonction protectrice au plan de l'évolution de l'espèce, dans la mesure où dans la nature, le sucré indique des sources d'énergie et de nutriments. Nous appartenons à l'ordre des primates et, pendant des dizaines de millions d'années, la nourriture de nos lointains ancêtres a été essentiellement constituée de fruits.

Salé : les bébés ne détectent pas la saveur salée à la naissance. Cette capacité apparaît après 4 à 5 mois. On ignore si elle est influencée par l'environnement prénatal. Une étude a trouvé que plus le poids de naissance est faible, plus l'enfant sera attiré par le salé (et le sucré) au cours des quatre premières années de sa vie.

Acide : les enfants naissent apparemment avec un dégoût pour les saveurs acides. Les évolutionnistes pensent que ce dégoût a des vertus pour la survie de l'espèce dans la mesure où, dans la nature, il est souvent associé à la présence de toxines.

Amer : les nouveau-nés font la différence entre les saveurs légèrement et fortement amères. Cette capacité se renforce au fur et à mesure que l'enfant grandit et, à partir de 6 mois, les bébés ont tendance à rejeter des saveurs même modérément amères, comme celles de certains légumes.

***Umami* :** on ignore si les bébés détectent cette saveur particulière. Une étude a trouvé que des bébés préfèrent une soupe préparée avec du glutamate monosodique que la même soupe sans cet additif.

ZOOM SUR LA TEMPÉRATURE DES PLATS

La température des plats que vous lui proposez est aussi un facteur important. Les purées ne devront être ni trop chaudes, pour ne pas le brûler, ni trop froides, pour éviter de perdre certaines saveurs. Pour les compotes, évitez au maximum le réfrigérateur, ou sortez-les un peu avant pour que tous les arômes puissent se dégager.

De l'eau !

Comme bébé consomme de moins en moins de lait, il est impératif que vous lui proposiez de l'eau au moment des repas et en dehors des repas, en lui laissant une petite gourde à sa disposition. Et même s'il n'a pas encore le réflexe de la prendre, il faut lui montrer dès à présent que l'eau est la seule denrée qui puisse être à sa constante disposition, pendant et en dehors des repas. Pensez-y, surtout en été, quand la température extérieure augmente, mais également en hiver, quand le chauffage est poussé au maximum de peur que bébé ne prenne froid !

Des quantités propres à chaque bébé

Il est bien souvent très difficile de dire à une maman la quantité exacte de tel ou tel aliment à donner pour un âge précis. Sur ce point, chaque bébé est différent et il faut impérativement lui faire confiance : s'il ferme la bouche sur la cuillère ou qu'il tourne la tête, surtout ne le forcez jamais à terminer son assiette ou son bol.

À l'inverse, si vous voyez qu'il cherche encore à ouvrir la bouche quand il voit la cuillère, vous pouvez lui proposer encore un peu de légumes ou de fruits, mais évitez de doubler les quantités de viande, poisson ou œuf, car un excès de protéines sollicite beaucoup ses petits reins.

Dans les deux cas (petit ou gros appétit), n'hésitez pas à en faire part à votre médecin ou votre pédiatre pour qu'il s'assure de sa parfaite croissance (taille et poids).

MOINEAU ?

Si votre enfant fait partie des « petits appétits » et que vous vous sentez désemparés face aux assiettes intactes de votre enfant, surtout ne dramatisez pas !
La première question à vous poser sera bien sûr : « Est-ce qu'il mange entre les repas ? Un petit morceau de pain ? Le morceau de gâteau de son grand frère ? Le jus de fruits systématique ? ». Si c'est le cas, il faut en effet bien restructurer son schéma alimentaire. Si ce n'est pas le cas, et qu'aucune « cassure » n'apparaît dans sa courbe de croissance, rassurez-vous, il existe de petits mangeurs comme il existe de petits dormeurs. Servez-lui de plus petites quantités pour qu'il ne soit pas découragé et, quand il ne veut pas manger, n'insistez pas, ne lui faites surtout pas de chantage et, enfin, ne lui préparez pas un autre plat exclusivement pour lui en vous donnant bonne conscience et en vous disant qu'au moins il aura « un petit quelque chose dans le ventre » ! Au prochain repas, il aura certainement un peu plus faim !

OU OGRE ?

À l'inverse, d'autres bébés ont déjà un « bon coup de cuillère » et écarquillent les yeux aux seuls bruits des casseroles ! Dans ce cas aussi, pas de panique si la courbe de poids et de taille sont régulières. Peut-être est-ce seulement passager, car bébé est en pleine poussée de croissance. Donnez-lui alors autant de purée de légumes qu'il le souhaite et profitez-en pour lui faire découvrir des associations insolites !

De nouveaux aliments à lui faire essayer

À partir de 8 mois, vous allez pouvoir continuer la diversification par d'autres fruits et légumes, comme les tomates, les aubergines, les fruits rouges ou encore certaines poudres d'oléagineux, comme la poudre d'amandes, qui apportent de bonnes graisses indispensables au cerveau de bébé.

Rappelez-vous que « diversification alimentaire » doit rimer avec « diversité culinaire » !

Toutefois, si votre bébé présente un terrain allergique, attendez sa première bougie pour introduire ces nouveaux aliments.

REPÈRES SUR LES NOUVEAUX ALIMENTS À INTRODUIRE

- Aubergine
- Cassis
- Cerise
- Fraise
- Framboise
- Mûre
- Myrtille
- Poudre d'amandes
- Tomate

Potage tomates et haricots verts

Préparation : 5 min

Cuisson : 20 min

››› **Ingrédients :**

- ½ tomate fraîche
- 40 g de haricots verts frais
- 40 g de patate douce

››› Lavez la tomate, épluchez-la ou mondez-la, pour enlever la peau plus facilement, et épépinez-la.

Équeutez les haricots verts frais et enlevez les fils si nécessaire.

Épluchez la patate douce et coupez-la en rondelles.

Mettez les légumes dans une petite casserole et couvrez-les d'eau de source.

Laissez cuire 20 min et passez le tout au mixeur.

■ ASTUCES ET CONSEILS : ***la tomate est un légume-fruit allergisant. Attendez un peu avant de l'introduire si votre enfant a un terrain allergique. Plus tard, quand votre enfant aura grandi, les tomates cerise seront souvent bien appréciées en entrée.***

Purée à la saveur orientale

Préparation : 10 min

Cuisson : 20 min

››› **Ingrédients :**

- 30 g d'aubergine
- 30 g de courgette
- 30 g de carotte
- 30 g de fenouil
- 1 cc d'huile d'olive (pression à froid)
- 1 cc de citron
- 1 pincée de cumin
- 1 pincée de coriandre

››› Lavez l'aubergine, la courgette, la carotte et le fenouil.

Épluchez la carotte. Les autres légumes ne nécessitent pas d'épluchage particulier car leur peau regorge de substances antioxydantes protectrices.

Taillez les légumes et faites-les cuire à la vapeur pendant 15-20 min.

Une fois cuits, mixez les légumes avec l'huile d'olive, le citron et les épices.

■ ASTUCES ET CONSEILS : ***cette purée est idéale pour le dîner et surtout pour éveiller bébé à de nouvelles saveurs venues d'ailleurs.***

Escalope de dinde au potimarron

Préparation : 5 min

Cuisson : 20 min

››› **Ingrédients :**
- 1 tranche de potimarron
- 10 g d'oignon
- 2 cc d'escalope de dinde
- 1 cc d'huile d'olive (première pression à froid)

››› Faites cuire la tranche de potimarron à la vapeur 20 min.

Au bout de 10 min de cuisson, ajoutez le petit morceau de viande de dinde et l'oignon émincé.

Mixez le tout et ajoutez l'huile d'olive crue avant de servir.

Mélangez et donnez à la cuillère.

■ ASTUCES ET CONSEILS : ***les 30 % de protéines de la dinde en font un aliment coupe-faim par excellence, incontournable dans l'alimentation d'un bébé en pleine croissance et plutôt « glouton ». Cette forte teneur quantitative en protéines s'accompagne également d'une excellente qualité de celles-ci puisque tous les acides aminés indispensables y sont retrouvés.***

Hachis d'agneau sur lit de petits pois frais

Préparation : 20 min

Cuisson : 20 min

››› **Ingrédients :**
- 1 petite côte d'agneau
- 130 g de petits pois frais
- 1 filet d'huile d'olive (première pression à froid)
- quelques gouttes de jus de citron (facultatif)

››› Écossez les petits pois et faites-les cuire 10 min à la vapeur.

Faites cuire à l'eau ou à la vapeur la côte d'agneau.

Prélevez 10 g dans le cœur et hachez-le finement.

Mixez les petits pois cuits en incorporant l'huile d'olive.

Formez un lit de petits pois mixés et ajoutez sur le dessus le hachis d'agneau.

Déposez, selon les goûts de bébé, quelques gouttes de jus de citron.

Servez.

■ ASTUCES ET CONSEILS : ***les petits pois sont riches en fibres plus ou moins solubles, intéressantes pour la prévention de la constipation et pour l'impact positif sur la glycémie et donc la satiété de bébé.***

Dessert de fruits rouges du déjeuner estival

Préparation : 5 min

Cuisson : 15 min

Repos : 30 min

››› **Ingrédients :**
- 30 g de fraises
- 30 g de framboises
- 30 g de cerises
- 30 g de mûres
- 10 g de myrtilles
- 10 g de poudre d'amandes

››› Équeutez les fraises, les cerises et dénoyautez ces dernières.

Lavez soigneusement les cinq fruits rouges à l'eau claire.

Faites-les cuire à la vapeur ou dans une petite casserole, avec un peu d'eau, à feu très doux pendant 10-15 min.

Mixez tous les fruits ensemble et laissez refroidir au réfrigérateur pendant 30 min.

Servez à la fin du déjeuner en saupoudrant la poudre d'amandes dessus.

■ ASTUCES ET CONSEILS : ***choisissez des variétés de cerises dites « douces » comme les bigarreaux ou les guignes qui sont les plus commercialisées et qui donnent des fruits sucrés, parfumés et dont la qualité gustative est excellente.***

Velouté de pêche au biscuit

››› Ingrédients :
- ½ pêche fraîche (environ 60 g)
- 1 petit-suisse nature
- 1 biscuit pour bébé type boudoir

Préparation : 5-10 min

Cuisson : 10 min

››› Lavez et pelez la pêche.

Pochez-la dans un peu d'eau ou cuisez-la à la vapeur pendant 10 min.

Mixez la pêche, le petit-suisse et le boudoir.

Déposez le mélange dans un ramequin.

Servez tiède.

■ ASTUCES ET CONSEILS : ***ce dessert festif peut également être servi au goûter. La pêche consommée mûre à point possède des fibres très tendres qui agissent sur les intestins de bébé avec douceur et efficacité.***
Ce fruit peut être remplacé selon la saison par de la pomme, de la poire, de l'abricot, du coing, des pruneaux ou de la banane.

Organisation nutritionnelle d'une journée d'un bébé entre 9 et 10 mois (à adapter selon l'appétit de bébé)

PETIT DÉJEUNER

- 1 tétée ou 1 biberon de 210-240 ml de lait de suite

DÉJEUNER

- 130 g de purée de légumes cuits mixés sans sel ajouté
- 2 cc de viande ou jaune d'œuf cuit
- ½ cc d'huile de colza dans sa purée de légumes
- 130 g de compote de fruits cuits mixés sans sucre ajouté

GOÛTER

- 60 g de compote de fruits cuits mixés sans sucre ajouté
- 1 tétée ou un biberon de 150 ml de lait de suite

ou 1 petit-suisse nature (sans sucre ajouté)

DÎNER

- 100 g de purée de légumes cuits mixés sans sel ajouté
- 20 g de céréales avec ou sans gluten

(ou 130 g de purée de légumes cuits mixés sans sel ajouté)
- 1 tétée ou un biberon de 210 ml de lait de suite

Liste de courses pour un bébé entre 9 et 10 mois

LAIT ET PRODUITS LAITIERS
• Lait de suite (si bébé n'est pas allaité)
• Fromages de vache, de chèvre ou de brebis
• Petits-suisses nature
LÉGUMES
• Artichaut
• Asperge
• Aubergine
• Betterave cuite
• Blette
• Brocoli
• Carotte
• Courge butternut
• Courgette
• Endive
• Épinard
• Fenouil
• Haricot vert ou haricot beurre
• Laitue
• Patate douce
• Pâtisson
• Petit pois
• Poireau
• Potiron et potimarron
• Tomate
FRUITS
• Abricot
• Banane
• Cassis
• Coing
• Cerise
• Fraise
• Framboise
• Mirabelle
• Nectarine
• Pêche
• Mûre
• Myrtille
• Poire
• Pomme
• Prune (et pruneau)
• Raisin (sans peau ni pépins)
• Reine-claude
VIANDES, ŒUFS
• Agneau
• Bœuf (fraîchement haché à 5 % MG)
• Dinde

- Jambon blanc (découenné)
- Œuf de poule élevée en plein air ou bio
- Porc (filet mignon)
- Poulet (blanc sans peau)
- Veau

HUILES

- Huile de colza (pression à froid)
- Huile d'olive (pression à froid)

CÉRÉALES

- Boulgour
- Millet (décortiqué ou farine)
- Orge (mondé ou perlé)
- Pâtes (vermicelles ou alphabet)
- Quinoa
- Riz basmati
- Sarrasin (décortiqué ou farine)

AROMATES

- Ail
- Aneth
- Basilic
- Cerfeuil
- Ciboulette
- Clou de girofle
- Coriandre
- Cumin
- Estragon
- Laurier
- Noix de muscade
- Oignon
- Persil
- Romarin
- Sarriette
- Sauge
- Thym

OLÉAGINEUX

- Poudre d'amandes

10 MOIS

Conseils et recettes au quotidien

Mon enfant grandit

- **Il mesure :**

....

- **Il pèse :**

....

Ses goûts se diversifient

- **Les légumes qu'il adore :**

....

....

- **Les fruits qu'il adore :**

....

....

- **Les viandes qu'il adore :**

....

....

- **Les fromages qu'il adore :**

....

....

- **Les céréales qu'il adore :**

....

....

Les grands repères des 10 mois

Petits pots et assiettes 1er âge

Il ne faut en aucun cas le nier, de plus en plus de mamans travaillent et se trouvent complètement démunies quand leur premier enfant arrive. Le temps manque cruellement pour planifier les menus, faire les courses et cuisiner pour toute la famille. Dès le début de la diversification alimentaire, c'est un plaisir de préparer les premières purées et compotes de bébé. Mais au fil du temps, les repas diversifiés se multiplient et cela demande une réelle organisation.

Surtout, ne culpabilisez pas et dites-vous qu'à côté des préparations maison, vous pouvez avoir recours à certains petits pots du commerce afin de concilier vie active et équilibre nutritionnel de bébé, mais encore faut-il apprendre à bien les choisir, car du petit déjeuner au dîner en passant par le goûter, et de 4 à 18 mois, l'offre est large, voire très large, et sous des marques très connues se cachent parfois des excès en certains nutriments ou en certaines substances indésirables.

En soi, ces apports en sel, sucre, amidon transformé de maïs ou encore en vitamines de groupe B, C et en fer ne sont pas dommageables si cela est fait ponctuellement. Toutefois, si l'alimentation de votre enfant n'est constituée que de produits de ce genre, il y a là un risque assez important de surcharge de l'organisme et un très mauvais départ gustatif, car l'ajout de sel et de sucre habitue le nourrisson à ces goûts prononcés qu'il voudra retrouver par la suite dans tous les plats.

Pour choisir les meilleurs produits, qui ne déstabilisent pas les grands équilibres métaboliques de bébé, il faudra se baser sur certains critères (voir page suivante).

Sachez qu'il existe aussi des purées congelées, 100 % légumes, conditionnées en petites portions. À l'heure actuelle, on en trouve par exemple chez Picard ou Carrefour (sans vouloir faire de la publicité). Il existe même des versions de ces purées issues de l'agriculture biologique.

REPÈRES POUR BIEN CHOISIR LES PETITS POTS

Vérifiez bien quelques points importants sur l'étiquette :

- l'absence d'ajout de sucre ;
- une densité calorique très faible ou faible, c'est-à-dire inférieure à 1,5 (soit 150 kcal maximum pour 100 g ou 100 ml de produit) ;
- un bon équilibre des acides gras, avec un rapport oméga-6/oméga-3 au plus bas, et pas d'ajout d'huile de palme ;
- l'absence d'ajout de sel ou une teneur en sodium inférieure à 0,1 g pour 100 g ou 100 ml de produit ;
- l'absence d'adjuvants indésirables comme l'amidon transformé ou modifié de maïs ;
- l'absence du couple « fer + vitamine C ».

Vous avez envie d'acheter des petits pots de fruits ?

Si bébé n'a pas encore goûté tous les fruits et que vous souhaitez lui proposer des compotes à base de myrtilles, de coing ou de mangue, essayez de les lui faire découvrir seul (c'est ce que l'on appelle les petits pots « monoingrédient »), afin de détecter si bébé y est allergique et aussi dans l'objectif d'éveiller ses papilles à une seule nouvelle saveur à la fois.

Ensuite, quand bébé aura goûté toutes ces saveurs, vous pourrez acheter des petits pots de fruits contenant deux ou plusieurs fruits.

L'essentiel est de bien choisir vos petits pots de fruits pour qu'ils ne contiennent pas d'ajout de sucres, d'arômes et pas ou peu d'épaississants.

Certains fabricants garantissent aussi une cuisson à l'étouffée qui permet de sauvegarder le maximum de vitamines.

La vitamine C, quant à elle, est parfois présente dans les compotes de fruits. Elle est tout à fait normale pour éviter l'oxydation et donc le brunissement des fruits sensibles.

La composition bio versus conventionnel

Les petits pots bio ont le plus souvent une teneur en sucres simples ajoutés réduite voire nulle par rapport à leurs homologues du conventionnel. Et le sucre n'est d'ailleurs pas le seul ingrédient qui est ajouté car la liste peut être longue en conventionnel : épaississants, crème, vitamines, minéraux, huile de palme, etc.

De plus, certains conservateurs, acidifiants, antioxygènes, stabilisants, émulsifiants et amidons modifiés sont autorisés en conventionnel mais pas en bio.

Côté réglementation, les petits pots bio sont étudiés à la loupe et ont des obligations de résultats sur les teneurs en :

- pesticides chimiques et de synthèse car les teneurs doivent être inférieures à 10 ppb (soit 10 mg/kg) dans les produits finis ;
- nitrates, puisque le seuil maximal dans les produits finis est de 200 ppm (soit 200 mg/kg).

Sans garantir à 100 % qu'un petit pot bio est de meilleure qualité que son homologue conventionnel, force est de constater que leur composition nutritionnelle est souvent meilleure pour la santé de bébé.

Purée d'aubergines aux épices douces

Préparation : 5 min

Cuisson : 15 min

››› **Ingrédients :**

- 130 g d'aubergines
- quelques gouttes de jus de citron
- ¼ de gousse d'ail
- 1 pincée de cumin
- 1 pincée de paprika
- 1 pincée de poivre
- ½ cc d'huile d'olive (première pression à froid)

››› Lavez l'aubergine, coupez-la en dés et arrosez de jus de citron.

Faites-la cuire à l'étouffée dans un fond d'eau avec l'ail pressé, les épices et l'huile d'olive.

Continuez la cuisson jusqu'à évaporation complète de l'eau, en remuant de temps en temps.

Mixez le tout et servez tiède.

■ ASTUCES ET CONSEILS : ***choisissez l'aubergine plutôt jeune et petite car sa chair sera fondante et sa peau mince et dépourvue d'amertume. Elle doit être ferme au toucher et avoir une peau lisse et brillante.***

Velouté du soir aux 4 légumes

Préparation : 15 min

Cuisson : 25 min

››› **Ingrédients :**
- 40 g de courgette
- 40 g de carotte
- 30 g d'aubergine
- 20 g d'endive

››› Lavez tous les légumes.

Épluchez la carotte et taillez-la en petites rondelles.

Prélevez juste ce dont vous avez besoin sur la courgette non pelée, l'aubergine non pelée et choisissez de belles feuilles d'endives.

Coupez tous les légumes et ajoutez un fond d'eau dans la casserole.

Faites cuire à feu moyen pendant 20 min.

Mixez le tout.

Ajoutez un peu d'eau selon la consistance désirée et servez.

■ ASTUCES ET CONSEILS : ***les variétés d'endives présentes sur les étals ne sont plus amères comme elles l'étaient autrefois. Toutefois, choisissez-les blanches ou d'un jaune très pâle. Si elles sont un peu vertes cela signifie qu'elles ont été en contact avec la lumière et qu'elles seront plus amères.***

Lapin aux figues

Préparation : 10 min

Cuisson : 20 min

››› Ingrédients :

- 15 g de lapin
- 20 g d'oignon
- ¼ de gousse d'ail (pressé)
- 2 figues sèches
- ½ cc d'huile d'olive (première pression à froid)
- 1 feuille de laurier
- 1 pincée de romarin

››› Dans une petite casserole, faites doucement revenir l'oignon dans l'huile d'olive et ajoutez l'ail pressé, la feuille de laurier et le romarin.

Prélevez un petit morceau de lapin dans le plat familial et ajoutez-le dans la casserole.

Ajoutez un fond d'eau et les figues coupées en petits dés.

Laissez cuire à feu moyen 20 min.

Enlevez la feuille de laurier et mixez l'ensemble.

Servez le midi.

■ ASTUCES ET CONSEILS : ***fruit méditerranéen par excellence, la figue joue un rôle équilibrant dans l'alimentation grâce, en particulier, à sa densité élevée en minéraux. Elle assure également un complément non négligeable en vitamines du groupe B et ses fibres se montrent très efficaces pour stimuler les intestins de bébé s'il a tendance à la constipation.***

Filet mignon aux petits légumes d'automne

Préparation : 10 min

Cuisson : 30 min

››› Ingrédients :

- 15 g de filet mignon (prélevé sur la pièce familiale)
- 50 g de carotte
- 50 g de navet
- 30 g d'oignon
- ¼ de gousse d'ail (pressé)
- 1 feuille de laurier
- 1 pincée de thym
- ½ cc d'huile d'olive (première pression à froid)
- à partir de 1 an, ½ cc de miel

››› Lavez et épluchez la carotte et le navet.

Émincez l'oignon finement.

Dans une petite casserole ou au cuit-vapeur, faites chauffer le morceau de filet mignon, les légumes et les aromates.

Avant de mixer, enlevez la feuille de laurier et ajoutez l'huile d'olive.

■ ASTUCES ET CONSEILS : ***pour les plus grands, à partir de un an, n'hésitez pas à apporter une petite touche de miel pour adoucir le plat.***

Compote pomme gala et cerises

››› **Ingrédients :**
- 1 pomme gala bio
- 10 cerises
- 1 cs d'eau
- une pincée de cannelle

Préparation : 5 min

Cuisson : 10 min

Repos : 30 min

››› Épluchez la pomme en quartiers et dénoyautez les cerises. Mettez les fruits dans une petite casserole avec l'eau. Faites cuire à feu doux, à couvert, pendant 10 min. Ajoutez la pincée de cannelle et mixez. Laissez refroidir au réfrigérateur.

■ ASTUCES ET CONSEILS : ***on distingue trois grands groupes de cerises :***
- ***les « acides » (griottes et montmorency) ;***
- ***les « anglaises », destinées aux confitures et liqueurs ;***
- ***et les « douces » (bigarreaux et guignes) qui sont les plus commercialisées et qui donnent des fruits sucrés, parfumés, et dont la qualité gustative est excellente pour bébé.***

Crème de fruit pour le goûter

››› Ingrédients :

- 1 fruit de saison (130 g cuit)
- 1 petit-suisse nature (sans sucre ajouté)
- 1 cc de jus de citron
- ½ cc de poudre d'amandes

Préparation : 5 min

Cuisson : 10 min

Repos : 30 min

››› Lavez et pelez si nécessaire le fruit de saison.

Faites-le cuire 5 à 10 min à la vapeur ou à l'étouffée et laissez refroidir cette compote ou mixez directement le fruit cru en fonction des tolérances digestives de bébé.

Écrasez le petit-suisse dans une coupelle et mélangez avec la cuillère à café de jus de citron et la poudre d'amandes.

Mélangez le tout dans la coupelle ou faites dans une verrine une couche de petit suisse et, au-dessus, une couche de fruit.

■ ASTUCES ET CONSEILS : ***essayez de proposer à bébé un fruit unique pour cette crème de fruit afin qu'il puisse bien en déterminer toutes les saveurs.***

Organisation nutritionnelle d'une journée d'un bébé entre 10 et 11 mois (à adapter selon l'appétit de bébé)

PETIT DÉJEUNER

- 1 tétée ou 1 biberon de 210-240 ml de lait de suite

DÉJEUNER

- 130 g de purée de légumes cuits mixés sans sel ajouté
- 3 cc de viande ou jaune d'œuf cuit
- ½ cc d'huile de colza dans sa purée de légumes
- 130 g de compote de fruits cuits mixés sans sucre ajouté

GOÛTER

- 130 g de compote de fruits cuits mixés sans sucre ajouté
- 1 tétée ou un biberon de 150 ml de lait de suite

ou 1 petit-suisse nature

DÎNER

- 100 g de purée de légumes cuits mixés sans sel ajouté +
- 20 g de céréales avec ou sans gluten

(ou 130 g de purée de légumes cuits mixés sans sel ajouté)

- 1 tétée ou un biberon de 210 ml de lait de suite

Liste de courses pour un bébé entre 10 et 11 mois

LAIT ET PRODUITS LAITIERS
• Lait de suite (si bébé n'est pas allaité)
• Fromages de vache, de chèvre ou de brebis
• Petits-suisses nature
LÉGUMES
• Artichaut
• Asperge
• Aubergine
• Betterave cuite
• Blette
• Brocoli
• Carotte
• Courge butternut
• Courgette
• Endive
• Épinard
• Fenouil
• Haricot vert ou haricot beurre
• Laitue
• Patate douce
• Pâtisson
• Petit pois
• Poireau
• Potiron et potimarron
• Tomate
FRUITS
• Abricot
• Banane
• Cassis
• Coing
• Cerise
• Fraise
• Framboise
• Mirabelle
• Nectarine
• Pêche
• Mûre
• Myrtille
• Poire
• Pomme
• Prune (et pruneau)
• Raisin (sans peau ni pépins)
• Reine-claude
VIANDES, ŒUFS
• Agneau
• Bœuf (fraîchement haché à 5 % MG)
• Dinde

- Jambon blanc (découenné)
- Lapin
- Œuf de poule élevée en plein air ou bio
- Porc (filet mignon)
- Poulet (blanc sans peau)
- Veau

HUILES

- Huile de colza (pression à froid)
- Huile d'olive (pression à froid)

CÉRÉALES

- Boulgour
- Millet (décortiqué ou farine)
- Orge (mondé ou perlé)
- Pâtes (vermicelles ou alphabet)
- Quinoa
- Riz basmati
- Sarrasin (décortiqué ou farine)

AROMATES

- Ail
- Aneth
- Basilic
- Cannelle
- Cerfeuil
- Ciboulette
- Clou de girofle
- Coriandre
- Cumin
- Estragon
- Laurier
- Noix de muscade
- Oignon
- Persil
- Romarin
- Sarriette
- Sauge
- Thym

OLÉAGINEUX

- Poudre d'amandes

11 MOIS

Conseils et recettes au quotidien

Mon enfant grandit

- Il mesure :

....

- Il pèse :

....

Ses goûts se diversifient

- Les légumes qu'il adore :

....

....

- Les fruits qu'il adore :

....

....

- Les viandes qu'il adore :

....

....

- Les fromages qu'il adore :

....

....

- Les céréales qu'il adore :

....

....

- Les aromates qu'il adore :

....

....

Les grands repères des 11 mois

Quelques astuces pour introduire de nouveaux aliments

Il n'est pas toujours aisé de faire découvrir à bébé de nouveaux aliments, surtout quand celui-ci est un petit mangeur et que vous avez déjà essuyé certains refus de sa part.

Voici quelques astuces pour introduire de nouveaux aliments dans les assiettes de vos enfants.

- Mettez de la couleur dans l'assiette de bébé : du rouge, du vert, du blanc, du orange, etc. Mais évitez de devenir esclave de « la tête de bonhomme » en ketchup et de tout ce que l'on peut imaginer pour faire diversion, comme mimer l'avion avec sa cuillère pour qu'elle atterrisse dans sa bouche. Manger n'est ni une punition, ni une récompense, ni un jeu, c'est juste naturel et nécessaire pour bien grandir.

- N'introduisez qu'un aliment nouveau à la fois et évitez, dans le même plat, de lui faire découvrir deux nouveaux aliments.

- Mettez juste une petite quantité dans son assiette, juste pour qu'il goûte.

- Ne lui dites pas forcément que c'est un aliment nouveau, vous lui direz une fois qu'il aura terminé son assiette.

- Plus tard, continuez à lui faire des purées pour les légumes qu'il ne connaît pas encore et, surtout, emmenez-le sur les marchés ou dans votre supermarché où vous lui montrerez, sur les étals, les prochains légumes et fruits qu'il consommera.

- Ne vous avouez pas vaincu face à un refus et ne le forcez jamais.

- Montrez le bon exemple en consommant vous-même ce nouvel aliment.

- Réessayez toujours… et ne vous braquez pas !

Je choisis des aliments issus de l'agriculture biologique ou pas ?

De plus en plus d'études montrent que l'exposition aux pesticides, y compris « à bas bruit » peut avoir des conséquences sur la santé et ce, même sur plusieurs générations.

Par ailleurs, d'autres études ont également mis en évidence que certains fruits et légumes issus de l'agriculture biologique (mais pas tous) sont plus riches en antioxydants que leurs homologues issus de l'agriculture traditionnelle.

Certes, le bio est plus cher. Mais au-delà de la santé, c'est aussi un mode de production beaucoup plus respectueux de l'environnement. Et ça aussi c'est à prendre en compte pour la santé et l'avenir de vos enfants...

De plus, si vous achetez des produits issus de l'agriculture biologique, vous verrez que vous changerez petit à petit votre vision de l'alimentation, en diminuant progressivement votre consommation de viande et en remplaçant plus souvent cette dernière par des légumineuses. Votre portefeuille s'en trouvera ainsi un peu allégé. Vous trouverez également des produits uniquement présents dans les magasins biologiques qui permettront de diversifier vos plats et vos menus.

Quelques aliments présents majoritairement en boutiques biologiques

Certains aliments ne sont exclusivement présents, ou presque, en magasin diététique et biologique. Pourtant, certains d'entre eux mériteraient vraiment leur place dans vos placards. Faisons un rapide tour d'horizon.

LA CRÈME DE RIZ COMPLET

Cette farine de riz précuite à la vapeur permet, par exemple, d'épaissir les potages et les diverses préparations salées ou sucrées de bébé. Exempte de gluten, elle est très digeste. Vous pouvez vous en servir pour faire des bouillies qui seront prêtes en cinq à sept minutes seulement. Complet, le riz contient encore des fibres, ce qui permet à l'index glycémique de la bouillie de ne pas être trop élevé.

LES « LAITS » VÉGÉTAUX

Au fur et à mesure que votre enfant va grandir, vous pourrez lui faire découvrir les boissons végétales à base d'amandes, de riz, de noisettes, d'avoine, de quinoa, de châtaignes ou encore de soja. Elles remplaceront aisément le lait de vache dans les préparations salées et sucrées. Reportez-vous à l'annexe n°2 « J'utilise d'habitude… » / « Je remplace par… » page xx.

L'AGAR-AGAR

Cet extrait d'algues séchées possède un pouvoir gélifiant tout comme la gélatine. Il peut être utile dans la cuisine de bébé et dans celle de toute la famille pour gélifier une consistance trop liquide pour bébé.

LE SARRASIN DÉCORTIQUÉ

Cette petite graine de forme pyramidale caractéristique, encore appelée « blé noir », se trouve sous forme décortiquée en sachet ou en vrac. Dépourvu de gluten, le sarrasin peut être donné dès le début de la diversification alimentaire. Il peut être servi en accompagnement ou être inclus dans les soupes de bébé pour en épaissir la consistance.

Vous pourrez aussi trouver le sarrasin grillé sous le nom de « *kasha* ».

LE MILLET

Les graines de millet décortiquées sont naturellement exemptes de gluten. Elles se cuisent rapidement (15 minutes), en ajoutant seulement deux volumes d'eau, et se prêtent à merveille à la réalisation de purées, de gratins ou plus simplement servent d'accompagnement aux légumes, le midi ou le soir.

L'ORGE PERLÉ OU MONDÉ

Tout comme le blé, l'avoine ou le seigle, l'orge contient du gluten. Il sera donc à introduire un peu plus tard au cours de la diversification alimentaire. Il se consomme de la même façon que les autres céréales mais requiert un temps un peu plus long de cuisson (45 minutes).

La différence entre l'orge perlé et mondé est que le premier est plus raffiné, et donc nutritionnellement moins intéressant, que le second, mais il cuit plus rapidement !

LE QUINOA

De nos jours, il ne se retrouve plus uniquement en magasin diététique. Facilement visible en grande et moyenne surface, il est généralement de couleur blanche mais peut aussi être rouge. Même si du point de vue nutritionnel on le considère comme une céréale, il demeure botaniquement de la même famille que l'épinard ou la betterave et, à ce titre, il possède un pouvoir alcalinisant que n'ont pas les autres céréales. De plus, il se distingue des céréales par l'excellente qualité de ses protéines qui sont mieux équilibrées que ses cousines, grâce à une teneur en lysine supérieure.

Purée du soir de petits pois à la menthe

Préparation : 15 min

Cuisson : 15 min

››› **Ingrédients :**
- 120 g de petits pois (frais ou surgelés)
- 10 g de carotte
- 10 g d'oignon
- 2 feuilles de menthe

››› Écossez les petits pois et rincez-les à l'eau claire. Si ce n'est pas la saison, choisissez des petits pois surgelés sans sauce ajoutée.

Pelez et hachez finement l'oignon.

Taillez la carotte en petits dés.

Faites cuire les légumes pendant 15 min à la vapeur ou à l'étouffée, avec un fond d'eau, et ajoutez la menthe.

Mixez le tout.

■ ASTUCES ET CONSEILS : ***l'oignon doit être ferme et lisse, sans signe de germination ou de moisissures, à la pelure extérieure sèche, lisse et cassante.***

Purée carotte-fenouil

Préparation : 10 min

Cuisson : 20 min

››› **Ingrédients :**
- 80 g de carotte
- 40 g de fenouil
- 20 g de vermicelles ou de pâtes « alphabet »
- 1 pincée de thym

››› Lavez et épluchez la carotte.

Coupez-la en rondelles.

Coupez le bulbe de fenouil et prélevez-en 40-50 g que vous couperez en petits morceaux pour en faciliter la cuisson.

Faites cuire les légumes à la vapeur ou à l'étouffée, avec un fond d'eau et une pincée de thym (frais ou séché), pendant 15-20 min.

Un peu avant la fin de la cuisson des légumes, faites cuire un peu de pâtes alphabet ou de vermicelles dans une petite casserole d'eau bouillante, selon le temps indiqué.

Mixez les légumes et ajoutez les pâtes cuites.

Servez au dîner.

■ ASTUCES ET CONSEILS : ***le fenouil doit toujours être ferme et de couleur blanche ou d'un vert très pâle. Il doit avoir une odeur se rapprochant de la réglisse ou de l'anis. Les petits sont souvent plus tendres et donc à privilégier lors de vos achats.***

Soupe d'orge perlé et poulet

Préparation : 10 min

Cuisson : 45 min

››› **Ingrédients :**
- 40 g de carotte
- 40 g de poireau
- 40 g de brocoli
- 40 g d'oignon
- 20 g d'orge perlé
- 20 g de blanc de poulet
- 1 pincée d'origan

››› Dans une petite casserole, faites cuire l'orge perlé dans quatre fois son volume d'eau à couvert. Il met environ 45 min à cuire.

Pendant ce temps, lavez les légumes et coupez-les en petits dés ou en morceaux et incorporez-les à 20 min de la fin de la cuisson.

Ajoutez à ce moment le poulet en petits morceaux et la pincée d'origan.

Mixez le tout et servez tiède à bébé.

■ ASTUCES ET CONSEILS : ***cette soupe peut-être préparée pour toute la famille à la cocotte-minute, si vous avez peu de temps. Comptez dans ce cas seulement 20 min de cuisson.***

Nid d'épinards et jaune d'œuf cuit

Préparation : 10 min

Cuisson : 15 min

››› **Ingrédients :**
- 160 g d'épinards
- 1 jaune d'œuf (de poule élevée en plein air)
- 20 g de quinoa
- ½ cc d'huile de colza (pression à froid)

››› Faites cuire les épinards à la vapeur (10 à 15 min).

Dans le même temps, faites cuire d'un côté l'œuf, 10 min, dans une petite casserole d'eau bouillante et, de l'autre, le quinoa dans deux fois son volume d'eau pendant 12 min (ou selon l'indication portée sur le paquet).

Égouttez les épinards et passez-les au mixeur avec l'huile de colza.

Dans l'assiette de bébé, formez un nid avec les épinards et creusez un trou dans lequel vous y déposerez le jaune d'œuf cuit écrasé et mélangé au quinoa cuit.

■ ASTUCES ET CONSEILS : ***l'épinard fait partie des aliments possédant une forte densité nutritionnelle car il regorge de minéraux (calcium, magnésium, manganèse), de vitamines (C, B9, K) et aussi de caroténoïdes.***

Crumble banane-pêche

Préparation : 10 min

Cuisson : 20 min

Repos : 15 min

››› **Ingrédients :**
- 1 boudoir spécifique bébé
- ½ pêche
- ½ banane
- 1 pincée de cannelle
- ½ cc de beurre ou de margarine oméga-3

››› Préchauffez votre four th. 6 (180 °C).

Lavez, épluchez et coupez la pêche en quartiers.

Pelez la banane et coupez-la en rondelles.

Versez le tout dans une casserole.

Ajoutez la cannelle et couvrez d'eau.

Faites mijoter à couvert 10 min à feu doux jusqu'à obtention d'une compote (enlevez un peu d'eau si nécessaire).

Pendant ce temps, émiettez le boudoir et mélangez avec la matière grasse afin d'obtenir des petits grumeaux.

Lorsque les fruits sont bien cuits, versez-les dans un ramequin et parsemez au dessus le crumble.

Passez le ramequin au four 10 min.

Laissez refroidir quelques minutes et servez tiède.

■ ASTUCES ET CONSEILS : ***ce petit dessert festif peut être servi à la fin d'un repas ou au goûter.***

Barquettes surprises

››› **Ingrédients :**
- 60 g de pomme
- 60 g de banane
- 1 pincée de cannelle

Préparation : 10 min

Cuisson : 15 min

Repos : 15 min

››› Préchauffez votre four th. 7 (220 °C).

Fabriquez une petite barque (en forme de pirogue) à l'aide d'une feuille de papier sulfurisé.

Lavez, pelez et essuyez les fruits.

Coupez-les en petits cubes.

Saupoudrez de cannelle.

Enfermez le tout dans la petite barquette.

Enfournez 15 min.

Écrasez bien à la fourchette les petits morceaux qui sont désormais fondants.

Laissez tiédir avant de servir.

■ ASTUCES ET CONSEILS : ***la papillote permet une cuisson à l'étouffée qui préserve l'authenticité des saveurs des fruits. Utilisez ce mode de cuisson pour toute la famille, autant que vous le désirez.***

Organisation nutritionnelle d'une journée d'un bébé entre 11 et 12 mois (à adapter selon l'appétit de bébé)

PETIT DÉJEUNER

- 1 tétée ou 1 biberon de 240 ml de lait de suite

DÉJEUNER

- 160 g de purée de légumes cuits mixés sans sel ajouté
- 20 g de céréales cuites et mixées
- 4 cc de viande ou jaune d'œuf cuit
- ½ cc d'huile de colza dans sa purée de légumes
- 130 g de compote de fruits cuits mixés sans sucre ajouté

GOÛTER

- 130 g de compote de fruits cuits mixés sans sucre ajouté
- 1 tétée ou un biberon de 150 ml de lait de suite

ou 1 à 2 petits-suisses nature

DÎNER

- 120 g de purée de légumes cuits mixés sans sel ajouté +
- 20 g de céréales avec ou sans gluten

(ou 140 g de purée de légumes cuits mixés sans sel ajouté)

- 1 tétée ou un biberon de 125 ml de lait de suite

Liste de courses pour un bébé entre 11 et 12 mois

LAIT ET PRODUITS LAITIERS
• Lait de suite (si bébé n'est pas allaité)
• Fromages de vache, de chèvre ou de brebis
• Petits-suisses nature
LÉGUMES
• Artichaut
• Asperge
• Aubergine
• Betterave cuite
• Blette
• Brocoli
• Carotte
• Courge butternut
• Courgette
• Endive
• Épinard
• Fenouil
• Haricot vert ou haricot beurre
• Laitue
• Patate douce
• Pâtisson
• Petit pois
• Poireau
• Potiron et potimarron
• Tomate
FRUITS
• Abricot
• Banane
• Cassis
• Cerise
• Coing
• Fraise
• Framboise
• Mirabelle
• Mûre
• Myrtille
• Nectarine
• Pêche
• Poire
• Pomme
• Prune (et pruneau)
• Raisin (sans peau ni pépins)
• Reine-claude
VIANDES, ŒUFS
• Agneau
• Bœuf (fraîchement haché à 5 % MG)
• Dinde

- Jambon blanc (découenné)
- Lapin
- Œuf de poule élevée en plein air ou bio
- Porc (filet mignon)
- Poulet (blanc sans peau)
- Veau

HUILES

- Huile de colza (pression à froid)
- Huile d'olive (pression à froid)

CÉRÉALES

- Boulgour
- Millet (décortiqué ou farine)
- Orge (mondé ou perlé)
- Pâtes (vermicelles ou alphabet)
- Quinoa
- Riz basmati
- Sarrasin (décortiqué ou farine)

AROMATES

- Ail
- Aneth
- Basilic
- Cannelle
- Cerfeuil
- Ciboulette
- Clou de girofle
- Coriandre
- Cumin
- Estragon
- Laurier
- Noix de muscade
- Oignon
- Persil
- Romarin
- Sarriette
- Sauge
- Thym

OLÉAGINEUX

- Poudre d'amandes

12 MOIS

Conseils et recettes au quotidien

Mon enfant grandit

- Il mesure :

....

- Il pèse :

....

Ses goûts se diversifient

- Les légumes qu'il adore :

....

....

- Les fruits qu'il adore :

....

....

- Les viandes qu'il adore :

....

....

- Les fromages qu'il adore :

....

....

- Les céréales qu'il adore :

....

....

- Les aromates qu'il adore :

....

....

Les grands repères des 12 mois

Votre « bout de chou » a grandi et vous allez souffler sa première bougie avec lui. Que de chemin parcouru durant ces douze mois écoulés ! Il se tient assis tout seul, se déplace à quatre pattes ou réclame votre aide pour marcher. Et sur le plan gustatif, sa curiosité s'aiguise. La découverte des nouvelles saveurs et des nouvelles textures continue à prendre place. De plus, ses capacités de mastication augmentent et, désormais, bébé pourra mâcher des petits morceaux fondants, même si ses premières dents sont encore peu nombreuses.

Le lait de croissance est-il un passage obligé à partir de 1 an ?

À partir de un an, il est recommandé de remplacer le lait 2e âge par du lait de croissance, qui contient plus de protéines, de minéraux et moins de graisses que les laits 2e âge. En général, les protéines du lait de croissance se digèrent mieux que celles du lait de vache et effectivement, il contient plus de vitamines et de minéraux. Mais, contrairement à ce que disent certains pédiatres, ce n'est pas du tout un passage obligé !

En effet, selon certaines études, l'utilisation du biberon serait associée à une augmentation du risque d'obésité chez l'enfant. Éviter ce comportement pourrait donc participer à la prévention de l'obésité infantile. C'est en tout cas ce que suggère une étude publiée dans le *Journal of Pediatrics*. Les enfants qui boivent encore au biberon à l'âge de 2 ans auraient plus de risques que les autres d'être obèses en grandissant.

Les auteurs ont suivi 6 750 enfants afin d'évaluer la relation entre l'utilisation du biberon à l'âge de 2 ans et le risque d'obésité à l'âge de 5 ans et demi.

Résultat : 22 % des enfants buvaient encore régulièrement au biberon à l'âge de 2 ans. Parmi eux, 23 % étaient obèses à l'âge de 5 ans et demi. L'utilisation du biberon à l'âge de 2 ans augmente le risque d'obésité d'environ 30 %.

Pour les scientifiques, boire au biberon au-delà de la petite enfance favoriserait l'obésité en encourageant l'enfant à consommer plus de calories que nécessaire[1].

Si votre enfant tolère le lait de vache, vous pouvez lui en donner de petites quantités, en alternant avec de petites quantités de boissons végétales, tout en introduisant peu à peu d'autres aliments. Nous mettons simplement en garde les parents contre le « tout lait de vache » qui conduit à des consommations excessives de cet aliment dans la petite enfance et l'enfance.

Ainsi, entre 1 an et 2 ans, vous pourrez lui donner du lait de croissance, mais gardez bien à l'esprit qu'il faudra diminuer progressivement la quantité de lait au biberon et qu'à partir de 18 mois le biberon de lait de vache n'est plus un passage obligé !

L'introduction de nouvelles textures et de nouveaux aliments

À l'heure où l'on ne cesse de dire qu'il faut bien mâcher ses aliments pour éviter les inconforts digestifs, il serait bien dommage de donner à bébé des gros morceaux d'aliments alors qu'il n'a encore que quelques dents !

Il est donc important de rappeler ici que les dents qui servent à broyer les aliments sont les molaires et les prémolaires. Celles-ci ne poussent qu'à partir de 14 mois et bébé possèdera la totalité de ses vingt dents de laits, dont huit prémolaires et pas de molaires, qu'entre 2 et 3 ans.

La texture des aliments (mixée, hachée, morceaux fondants, gros morceaux) est donc à adapter en fonction de la dentition de bébé qui peut être, au même âge, très différente d'un enfant à un autre.

Ainsi, avec ses premières dents, vous allez pouvoir passer progressivement à une texture moins mixée.

Les prémices des crudités

À partir de 1 an, vous allez pouvoir également lui faire découvrir, petit à petit, les fruits et légumes crus qu'il ne connaissait pas. Le plus simple est de les mixer dans un premier temps, pour en faire

1 Rachel A. Gooze, Sarah E. Anderson, Robert C. Whitaker : « Prolonged Bottle Use and Obesity at 5.5 Years of Age in US Children », *Journal of Pediatrics*, 05 May 2011,. doi:10.1016/j.jpeds.2011.02.037.

des soupes froides, de les râper finement ou encore de les écraser afin que les petits morceaux soient bien fondants pour la bouche de bébé.

La tomate crue en petits dés, les carottes finement râpées ou encore les petits morceaux tendres de concombre peuvent facilement être proposés à votre enfant systématiquement en entrée, toujours avec une petite vinaigrette afin d'apporter de bonnes graisses.

Vous pouvez ainsi réaliser une vinaigrette avec les huiles de la maison, olive et colza, et ajouter un peu de vinaigre de cidre ou balsamique et un soupçon d'épices ou d'aromates comme le paprika, le basilic frais ou le persil.

Consommer une petite entrée de crudités à chaque repas doit devenir une habitude pour bébé et, d'ailleurs, pour toute la famille car, en tant qu'être humain, nous sommes génétiquement programmés pour ce type d'aliment qui n'a subi ni cuisson, ni séchage. Et comme l'alimentation doit se baser sur la consommation des fruits et des légumes, le fait d'apporter une entrée de crudités à chacun des repas va participer à cette couverture des besoins en aliments alcalinisants et riches en substances protectrices cellulaires.

REPÈRES SUR LES CRUDITÉS (FRUITS ET LÉGUMES)

- Carottes (râpées)
- Concombre
- Courgettes (râpées)
- Melon
- Pastèque
- Radis (râpés)
- Tomates

Le poisson

À partir de 1 an, votre bébé pourra découvrir la saveur de ses premiers poissons. Maigres, gras, frais ou encore surgelés, mais non panés, le choix est vaste pour satisfaire ses papilles.

Les poissons dits « maigres » apporteront d'excellentes protéines et très peu de mauvaises graisses et les poissons dits « gras » fourniront tout autant de protéines d'excellente qualité mais également de bonnes graisses, et en particulier les oméga-3 à longues chaînes que sont l'EPA et le DHA, indispensables au système cardio-vasculaire et cérébral.

Dans un premier temps, il est cependant souhaitable de ne proposer qu'une portion de thon par semaine à cause de la teneur parfois élevée de ce poisson en mercure, PCB, métaux lourds et, pour la même raison, d'éviter totalement le flétan, le brochet ou l'espadon.

Les petits poissons seront donc à privilégier car, en majorité, ils sont beaucoup moins pollués que les gros qui se retrouvent en bout de chaîne alimentaire.

REPÈRES SUR LES POISSONS DITS « GRAS »

- Hareng
- Maquereau
- Sardine
- Saumon
- Thon
- Truite

REPÈRES SUR LES POISSONS DITS « MAIGRES »

- Aiglefin
- Bar
- Cabillaud
- Colin
- Éperlan
- Merlan (lieu noir)
- Sole

Les agrumes

C'est à partir de cet âge que vous allez pouvoir faire découvrir à votre enfant les saveurs des agrumes et des fruits exotiques sans risques d'allergies, ou tout du moins en les limitant. Ainsi, vous pourrez mettre dans vos paniers, en plus des autres fruits que vous achetez d'habitude, et toujours selon la saison, des kiwis, oranges, mangues, ananas, citrons, etc.

Gardez bien à l'esprit que ces fruits peuvent être allergisants et que, par conséquent, il est préférable de les introduire plutôt au repas du midi ou au goûter pour surveiller une éventuelle réaction allergique.

Les nouveaux légumes de bébé

Les capacités digestives de votre enfant s'améliorent de jour en jour. Ainsi, vous allez pouvoir proposer à bébé de nouveaux légumes comme les champignons ou encore le chou-fleur qui n'étaient pas proposés avant pour éviter les fermentations intestinales.

REPÈRES SUR LES NOUVEAUX FRUITS ET LÉGUMES À INTRODUIRE

- Ananas
- Asperge
- Avocat
- Champignon
- Chou-fleur
- Citron
- Clémentine et mandarine
- Kiwi
- Mangue
- Orange
- Pamplemousse
- Rhubarbe

Et un peu de miel ?

C'est aussi à partir de 1 an que vous allez pouvoir, si vous le souhaitez, ajouter un peu de miel à ses desserts festifs, en gardant bien à l'esprit qu'il est souvent difficile de faire marche arrière quand un enfant s'est habitué au goût sucré. Et pour rappel, le « sucre appelle le sucre », et même si le miel est un sucre tout à fait naturel, il n'en reste pas moins un aliment plaisir. Si vous désirez donner à votre enfant un produit de la ruche pour éviter les infections hivernales, il sera plus judicieux de lui donner de la gelée royale que vous trouverez en magasin diététique, bio ou en pharmacie.

Les poudres d'oléagineux

Dans les compotes de votre enfant, n'hésitez pas à ajouter de la poudre d'amandes, de noisettes ou encore des graines de lin broyées afin d'apporter chaque jour d'excellents acides gras et des bonnes protéines.

• **L'amande** est le fruit oléagineux le plus riche en calcium. Vous pouvez l'utiliser dès le début de la diversification en prenant soin de bien la broyer et de la réduire en poudre à l'aide d'un moulin à café ou d'un mini-hachoir. Vous pourrez ainsi incorporer l'équivalent de deux ou trois amandes dans les compotes de bébé.

• **Les graines de lin** permettent d'apporter les acides gras essentiels et les fibres qui facilitent le transit. Passées également au moulin à café, elles peuvent facilement agrémenter les purées de légumes.

• **Le germe de blé**, bien que n'étant pas un oléagineux, est très riche en vitamines du groupe B et en vitamine E. Il peut aussi être incorporé facilement aux préparations maison lorsqu'il est moulu.

La bouillie complète du week-end

Pour les petits déjeuners du week-end, où vous avez un peu plus de temps à consacrer à votre enfant, vous allez pouvoir commencer à lui donner une « bouillie complète » composée de :
• 180 ml de lait de croissance (ou moitié eau et moitié lait)
• 20 g de céréales sans sucre ajouté avec ou sans gluten (type flocons d'avoine, farine de riz, farine de quinoa, de châtaigne...)
• 30 g de fruits crus ou cuits écrasés
• 1 cc d'un mélange composé de germe de blé moulu, de poudre d'amandes ou de noisettes et de graines de lin réduites en poudre
• ½ cc d'huile de colza

Cette « bouillie » est un excellent commencement puisque, dès le matin, elle permet d'apporter d'excellentes protéines, de très bonnes graisses indispensables à l'organisme de bébé et une multitude d'antioxydants protecteurs des cellules.

De plus, elle habitue progressivement bébé à manger et mastiquer le matin alors que, jusqu'à présent, il se contentait de boire son biberon.

Petite entrée de betteraves aux pommes

Préparation : 5 min

Pas de cuisson

››› **Ingrédients :**
- 30 g de betterave cuite
- ¼ de pomme
- 1 cc d'huile d'olive (première pression à froid)
- ½ cc de vinaigre balsamique
- ¼ de cc de persil plat finement ciselé

››› Râpez la betterave finement et faites-en un nid au fond de l'assiette de bébé, en y creusant un petit trou pour la pomme.

Râpez finement la pomme que vous aurez préalablement épluchée.

Déposez au centre des betteraves râpées.

Ajoutez le persil finement ciselé et la vinaigrette.

■ ASTUCES ET CONSEILS : ***les substances antioxydantes spécifiques de la betterave sont des bétalaïnes, une famille de pigments qui lui donne sa couleur spécifique. Elle fait partie du top 10 des aliments possédant la plus importante capacité antioxydante.***

Soupe de concombre froide

Préparation : 3 min

Cuisson : 15 min

››› **Ingrédients :**
- 30 g de concombre
- une feuille de menthe
- une pincée de cumin et de paprika

››› Lavez et détaillez le concombre. S'il s'agit d'un concombre issu de l'agriculture biologique ou non traité, gardez la peau de celui-ci.

Dans un mixeur déposez le concombre, la feuille de menthe, le cumin et le paprika.

Servez frais.

■ ASTUCES ET CONSEILS : ***le concombre est parfois difficile à digérer. Cela est dû à la présence en son centre de graines, d'autant plus coriaces qu'il est cueilli après maturité. Inutile donc de le faire dégorger dans le sel, cela ferait fuir une partie des minéraux. Retirez plutôt les graines centrales ou choisissez les variétés hollandaises, qui n'en contiennent pas.***

Saumon et sa purée de brocolis sur lit de riz basmati

Préparation : 10 min

Cuisson : 10 min

››› **Ingrédients :**

- 125 g de brocolis (frais ou surgelés)
- 20 g de riz basmati
- 25 g de saumon

››› Faites cuire à la vapeur le saumon et le brocoli.

Pendant ce temps cuisez le riz basmati dans une petite casserole d'eau pendant 11 min (ou selon les indications inscrites sur le paquet)

Mixez le brocoli.

Disposez distinctement dans une assiette le lit de riz basmati, la purée de brocoli et, en son centre, le saumon émietté.

■ ASTUCES ET CONSEILS : ***comme tous les autres choux, le brocoli apporte de la vitamine K mais également de la vitamine C en quantité importante, car à poids équivalent, il en contient deux fois plus qu'une orange !***

Flan de cabillaud aux haricots

Préparation : 20 min

Cuisson : 50 min

››› **Ingrédients :**

- 50 g de haricots verts frais ou surgelé
- 15 g de cabillaud
- 1 jaune d'œuf
- 100 ml de lait de soja ou de quinoa
- 1 pincée de cerfeuil

››› Préchauffez votre four th. 6 (180 °C).

Épluchez et lavez les haricots verts sous l'eau courante.

Faites-les cuire dans une casserole 15 min dans un peu d'eau frémissante non salée ou au cuit-vapeur.

Ajoutez le poisson et poursuivez la cuisson 3 min.

Mixez les haricots verts et déposez-les dans un ramequin.

Battez le jaune d'œuf avec le lait végétal et ajoutez le poisson finement émietté et le cerfeuil.

Mixez si bébé n'apprécie pas encore les morceaux.

Versez ce mélange sur les haricots verts.

Enfournez 30 min.

Laissez refroidir quelques instants avant de servir.

ASTUCES ET CONSEILS : ***pour qu'il soit tendre, le haricot vert doit être cueilli ou choisi très fin, donc très jeune. Il peut être acheté frais ou encore surgelé, sans sauce ajoutée, quand ce n'est pas la saison.***

Crème à la vanille et aux éclats d'abricot

››› **Ingrédients :**
- 1 abricot
- 1 œuf
- 125 ml de lait de riz, amandes, noisettes, avoine ou châtaignes
- ¼ d'une gousse de vanille

Préparation : 15 min

Cuisson : 30 min

Repos : 30 min

››› Préchauffez votre four th. 6 (180 °C).

Lavez et coupez l'abricot en fins morceaux.

Faites bouillir le lait végétal avec la gousse de vanille.

Lorsque le liquide commence à frémir, retirez la casserole du feu et enlevez la gousse de vanille.

Dans un bol, fouettez l'œuf et versez-le dans le lait tout en fouettant énergiquement.

Ajoutez les morceaux d'abricot.

Versez dans un ramequin et enfournez 30 min.

Laissez reposer 30 min au réfrigérateur et servez bien froid.

■ ASTUCES ET CONSEILS : ***l'abricot est idéal pour apporter à bébé le plein de bêta-carotène (provitamine A), de vitamines du groupe B et de vitamine C. De plus, avec une teneur globale de plus de 600 mg aux 100 g, il fait partie des fruits riches en minéraux.***

Île flottante pour bébé

Préparation : 20 min

Cuisson : 10 min

››› **Ingrédients :**
- 1 œuf (de poule élevée en plein air)
- 90 ml de lait de riz
- 3 gouttes d'extrait naturel de vanille (type Vahiné)
- 1 cc de sirop d'agave

››› Séparez le blanc du jaune d'œuf.

Dans une casserole, mélangez le jaune d'œuf, l'extrait de vanille et le lait végétal.

Faites chauffer à feu doux en remuant sans cesse, jusqu'à ce que la crème s'épaississe légèrement (environ 5 min).

Laissez refroidir cette crème.

Battez le blanc en neige jusqu'à l'obtention d'un blanc ferme.

Faites frémir de l'eau dans une casserole et faites cuire 3 min des boules de blancs en neige réalisées à l'aide d'une cuillère à café.

Servez les boules d'œufs en neige sur la crème et versez le sirop d'agave sur les blancs.

■ ASTUCES ET CONSEILS : ***le sirop d'agave est un agent sucrant extrait d'un cactus. Son index glycémique très bas perturbe peu la glycémie.***

Organisation nutritionnelle d'une journée d'un bébé entre 12 et 15 mois (à adapter selon l'appétit de bébé)

PETIT DÉJEUNER

- 1 tétée ou 1 biberon de 240 ml de lait de croissance ou la bouillie du week-end.
- Dans la matinée, vers 10 h, si besoin : jus de carotte ou une petite compote de moins de 100 g.

DÉJEUNER

- 180 g de légumes cuits sans sel ajouté ou 30 g de crudités en entrée + 150 g de légumes cuits
- 30 g de céréales cuites
- 5 cc de viande, poisson ou œuf (soit 25 g)
- ½ cc d'huile de colza dans les légumes
- 130 g de fruits cuits ou crus sans sucre ajouté

GOÛTER

- 130 g de fruits crus ou cuits sans sucre ajouté
- 1 tétée ou 1 à 2 petits-suisses nature ou ½ à 1 yaourt de brebis ou de chèvre

DÎNER

- 120-150 g de légumes cuits sans sel ajouté + 20 g de céréales (ou 140-170 g de légumes cuits mixés sans sel ajouté)
- 10-15 g de fromage

Liste de courses pour un bébé entre 12 et 15 mois

LAIT ET PRODUITS LAITIERS
• Lait de suite (si bébé n'est pas allaité)
• Fromages de vache, de chèvre ou de brebis
• Petits-suisses nature
• Yaourt de brebis ou de chèvre

LÉGUMES
• Artichaut
• Asperge
• Aubergine
• Avocat
• Betterave cuite
• Blette
• Brocoli
• Carotte
• Céleri
• Champignons
• Chou-fleur
• Concombre
• Courge butternut
• Courgette
• Endive
• Épinard
• Fenouil
• Haricot vert ou haricot beurre
• Laitue
• Melon
• Patate douce
• Pâtisson
• Pastèque
• Petit pois
• Poireau
• Potiron et potimarron
• Radis
• Tomate

FRUITS
• Abricot
• Ananas
• Banane
• Cassis
• Cerise
• Citron
• Clémentine et mandarine
• Coing
• Fraise
• Framboise
• Kiwi
• Mangue
• Mirabelle

- Mûre
- Myrtille
- Nectarine
- Orange
- Pamplemousse
- Pêche
- Poire
- Pomme
- Prune (et pruneau)
- Raisin (sans peau ni pépins)
- Reine-claude
- Rhubarbe

POISSONS

- Aiglefin
- Bar
- Cabillaud
- Colin
- Éperlan
- Hareng
- Maquereau
- Merlan (lieu noir)
- Sardine
- Saumon
- Sole
- Thon
- Truite

VIANDES, ŒUFS

- Agneau
- Bœuf
- Dinde
- Jambon blanc (découenné)
- Œuf de poule élevée en plein air ou bio
- Lapin
- Porc (filet mignon)
- Poulet (blanc sans peau)
- Veau

HUILES

- Huile de colza (pression à froid)
- Huile d'olive (pression à froid)

CÉRÉALES

- Boulgour
- Millet (décortiqué ou farine)
- Orge (mondé ou perlé)
- Pâtes (vermicelles ou alphabet)
- Quinoa (en grains ou farine)
- Riz basmati

- Sarrasin (décortiqué ou farine)

AROMATES ET CONDIMENTS
• Ail
• Aneth
• Basilic
• Cannelle
• Cerfeuil
• Ciboulette
• Clou de girofle
• Coriandre
• Cumin
• Curcuma
• Échalote
• Estragon
• Laurier
• Menthe
• Noix de muscade
• Oignon
• Persil
• Romarin
• Sarriette
• Sauge
• Thym
• Vanille

- Vinaigre balsamique ou de cidre

OLÉAGINEUX
• Poudre d'amandes
Poudre de graines de lin (acheter les graines de lin et les broyer)
• Poudre de noisettes
• Poudre de noix

15 MOIS

Conseils et recettes au quotidien

Mon enfant grandit

- **Il mesure :**

....

- **Il pèse :**

....

Ses goûts se diversifient

- **Les légumes qu'il adore :**

....

....

- **Les fruits qu'il adore :**

....

....

- **Les viandes qu'il adore :**

....

....

- **Les poissons qu'il adore :**

....

....

- **Les fromages qu'il adore :**

....

....

- **Les céréales qu'il adore :**

....

....

- **Les aromates qu'il adore :**

....

....

Les grands repères des 15 mois

Des fruits et légumes, encore et toujours

Depuis quand manger des fruits et légumes est-il synonyme d'être au régime ? Le principal avantage des fruits et légumes ne réside pas seulement dans la possibilité d'ingérer moins de calories. Ils sont en effet de grands pourvoyeurs de substances bénéfiques pour l'organisme de bébé qui est en pleine croissance : minéraux, vitamines, fibres solubles et insolubles, polyphénols et antioxydants en tout genre.

D'ailleurs, les atouts santé de la consommation des fruits et légumes ont largement fait leurs preuves. Par exemple, le régime méditerranéen, l'alimentation préhistorique ou encore le régime IG, ont tous trois démontré leur efficacité, non seulement contre le surpoids mais aussi contre de nombreuses maladies chroniques comme le diabète ou les maladies cardiovasculaires.

Rappelez-vous que ces légumes et ces fruits doivent être la base de l'alimentation d'un être humain et plus vous allez habituer tôt votre enfant à en consommer, moins il vous les refusera par la suite et plus il sera protégé plus tard contre les maladies dites « de civilisation ».

Les fruits crus

La cuisson des fruits et des légumes va entraîner une perte de certaines vitamines thermosensibles, en particulier la vitamine C.

Ainsi, dès le 15e mois, vous allez pouvoir, sans hésitation, essayer de donner un maximum de fruits crus à bébé comme la poire, la banane ou encore la pêche, et ceci toujours en adaptant la texture, c'est-à-dire en lui proposant des petits morceaux fondants.

Le fait-maison : une priorité absolue !

Dès 15 mois, certaines marques proposent des assiettes prêtes à l'emploi qui, malheureusement, contiennent parfois beaucoup d'indésirables. Généralement la base de l'assiette est composée de pomme de terre, de riz trop cuit qui se digère donc très vite, d'huile de tournesol, de crème mais, surtout, vous retrouvez dans la liste des ingrédients des amidons transformés ou modifiés, des malto-dextrines ou du sucre et du sel !

De plus, ne tombez pas dans les pièges des industriels qui se targuent d'afficher dans certaines de leur préparation :

- « *Deux fois moins de sel qu'une soupe de légumes classique* ». Seulement, dans la soupe que vous faites pour bébé, il est toujours conseillé de ne pas saler du tout !
- « *Une pointe de beurre pour satisfaire les papilles de bébé* ». Seulement, avec 3,5 g de beurre par soupe, un filet d'huile d'olive aurait certainement ravi autant les papilles de bébé sans lui apporter autant d'acides gras saturés !

En somme, bien souvent, ces petites coupelles regorgent de lipides de mauvaise qualité avec un rapport oméga-6/oméga-3 parfois désastreux.

Les graisses, qui ont souvent mauvaise réputation : quelques chiffres

Nous vous le rappelons ici, les matières grasses que vous donnez à votre bébé peuvent représenter de 28 à 38 % des calories ingérées, c'est-à-dire plus d'un tiers ! Mais bien sûr, la répartition entre les différents acides gras est cruciale car la qualité prime toujours sur la quantité.

- **Les graisses saturées : modération mais pas exclusion**

Ces graisses doivent représenter environ 10 % des calories totales, soit environ 1/3 des graisses consommées. Vous limiterez donc ces graisses dans l'alimentation de bébé, sans les exclure totalement, en continuant à lui proposer un peu de fromage, de produits laitiers mais toujours en prenant garde de ne pas ajouter de façon systématique ou très régulière de la crème fraîche ou encore du beurre, car n'oubliez pas que ces graisses saturées sont également présentes dans la viande.

- **Les graisses monoinsaturées : la moitié des graisses quotidiennes**

Les graisses monoinsaturées de la famille oméga-9 peuvent représenter 14 à 20 % des calories totales, soit à peu près la moitié des graisses totales. Pour un bébé de 12-15 mois dont les apports nutritionnels conseillés sont de 950 calories par jour, cela revient à donner 18 g de ces graisses au quotidien.

En utilisant régulièrement l'huile d'olive pour la cuisson et l'huile de colza pour l'assaisonnement, vous mettez toutes les chances de votre côté pour combler cet objectif physiologique.

- **Les graisses polyinsaturées : veiller au rapport oméga-6/oméga-3**

Ces graisses appelées polyinsaturées peuvent représenter idéalement 4,5 à 6,5 % des calories totales, soit un sixième des graisses quotidiennes, ce qui représente 6 g par jour de ce type de graisses pour un bébé de 12-15 mois.

De plus, le rapport oméga-6/oméga-3 devra être le plus bas possible, pour que l'organisme de bébé puisse fabriquer, dans de bonnes proportions, d'autres acides gras, diminuer les réactions inflammatoires et peut-être même aider à prévenir le surpoids.

La période du « moi tout seul » !

À 15 mois, bébé va vouloir progressivement se servir tout seul de sa fourchette ou de sa cuillère. Il est important de le laisser faire, tout en le surveillant, pour qu'il s'approprie l'usage de ces ustensiles. De plus, vos encouragements lui permettront de bien progresser et d'acquérir petit à petit suffisamment de dextérité et d'autonomie.

À cet âge, bébé est aussi capable de ressentir quand il est totalement rassasié, surtout ne le forcez jamais à finir son assiette.

Courgette râpée et ses aromates frais

Préparation : 5 min

Pas de cuisson

››› **Ingrédients :**
- 30 g de courgette
- 1 cc d'un mélange d'aromates frais finement ciselés (persil, ciboulette, sauge, thym, basilic)
- 1 cc d'huile de colza (pression à froid)
- ½ cc de vinaigre balsamique

››› Lavez et râpez la courgette finement, en prenant soin de laisser la peau de celle-ci si elle n'est pas traitée.

Ciselez ou hachez très finement les aromates frais, ensemble si vous le souhaitez ou seul pour faire découvrir le goût de chacun d'entre eux.

Ajoutez la petite vinaigrette à base d'huile de colza et de vinaigre balsamique.

■ ASTUCES ET CONSEILS : ***le persil doit être soigneusement lavé car ses feuilles ont tendance à retenir la terre. Gardez-le quelques jours les tiges plongées dans l'eau ou placez-le dans le bac à légumes du réfrigérateur, une fois enfermé dans un sachet en plastique perforé.***

Flan de potimarron et patate douce

Préparation : 5 min

Cuisson : 40 min

››› **Ingrédients :**
- 150 g de potimarron
- 50 g de patate douce
- 1 œuf entier
- persil haché

››› Préchauffez le four th. 7 (210 °C).

Retirez l'écorce et les pépins du potimarron.

Lavez et coupez les patates douces en dés.

Cuisez-les à l'eau bouillante pendant 20 min.

Battez l'œuf, incorporez les deux légumes écrasés ainsi que le persil haché et déposez dans un petit ramequin allant au four.

Cuisez au four, au bain-marie, pendant 20 min.

■ ASTUCES ET CONSEILS : ***le potimarron fait partie des aliments qui possèdent une forte densité nutritionnelle, car il apporte des caroténoïdes protecteurs des cellules et bons pour les yeux.***

Escalope de veau quinoa-curry

Préparation : 10 min

Cuisson : 30 min

››› **Ingrédients :**
- 100 g de champignons de Paris
- 50 g d'oignon
- 30 g d'escalope de veau
- ½ cc d'huile d'olive (première pression à froid)
- 20 g de quinoa
- 40 ml d'eau de source
- ¼ de cc de curry

››› Lavez et émincez très finement les champignons.

Émincez l'oignon et l'escalope de veau en très petits morceaux.

Faites revenir les champignons, les oignons et le veau à feu très doux dans l'huile d'olive.

Quand les morceaux de veau sont cuits, ajoutez le curry et le quinoa préalablement rincé.

Mélangez et laissez revenir quelques secondes.

Ajoutez l'eau, couvrez et laissez mijoter à feu moyen 15 min, jusqu'à ce que le quinoa ait absorbé toute l'eau de cuisson et qu'il ait doublé de volume

■ ASTUCES ET CONSEILS : ***vous pouvez remplacer le curry par du curcuma dont le goût est moins prononcé.***

Filet de saumon et sa purée de chou-fleur

Préparation : 5 min

Cuisson : 15 min

››› **Ingrédients :**
- 130 g de chou-fleur (frais ou surgelé)
- 30 g de saumon frais
- une pincée de noix de muscade râpée

››› Plongez les bouquets de chou-fleur dans une petite casserole d'eau en ébullition pendant 15 min à feu doux.

Pendant ce temps, faites cuire le saumon à la vapeur pendant 10 min.

Égouttez le chou-fleur, écrasez-le finement à la fourchette et ajoutez une petite pincée de noix de muscade râpée.

Déposez distinctement dans l'assiette de bébé le chou-fleur d'un côté et le saumon finement écrasé de l'autre.

■ ASTUCES ET CONSEILS : ***avec 22 % de protéines, une absence totale de glucides et un indice de satiété au plus haut, le saumon est un des poissons incontournables. De plus, il apporte quasiment toutes les vitamines du groupe B.***

Mousse de pomme

››› **Ingrédients :**
- 1 pomme
- 1 blanc d'œuf
- 1 cc de coulis de framboise
- 1 pincée de cannelle
- 1 filet de jus de citron

Préparation : 10 min

Cuisson : 10 min

Repos : 20 min

››› Pelez la pomme, coupez-la en tranches épaisses et cuisez-la dans une casserole, avec un fond d'eau de source, la pincée de cannelle et le filet de jus de citron.

Battez le blanc d'œuf en neige et incorporez doucement le coulis.

Mélangez cette mousse à la compote et servir frais.

■ ASTUCES ET CONSEILS : ***parfumée et acidulée, la framboise arrive sur les étals avec les premiers jours d'été. Elle doit être ferme et d'une belle couleur. Comme c'est une baie fragile, vous ne pouvez la garder que deux ou trois jours au maximum, au réfrigérateur. Toutefois, vous pouvez aussi les congeler entières pour en faire profiter votre petite famille toute l'année.***

Crème de riz pomme/cannelle

Préparation : 10 min

Cuisson : 10 min

››› **Ingrédients :**

- 40 g de crème de riz (farine de riz précuite)
- 175 ml de lait de riz
- 1 pincée de cannelle
- 1 pomme râpée

››› Délayez la crème de riz avec le lait de riz et ajoutez la cannelle.

Faites chauffer ce mélange à feu doux dans une casserole, en remuant de temps en temps.

À partir des premiers frémissements, laissez cuire 5 min.

Hors du feu, ajoutez la pomme râpée.

Servez tiède.

■ ASTUCES ET CONSEILS : ***cette crème de riz peut être servie au goûter ou au repas du midi, en variant le fruit frais en fonction des saisons.***

Organisation nutritionnelle d'une journée d'un bébé entre 15 et 18 mois (à adapter selon l'appétit de bébé)

PETIT DÉJEUNER

- 1 tétée ou 1 biberon de 240 ml de lait de croissance ou la bouillie du week-end
- Dans la matinée, vers 10 h, si besoin, un jus de légumes ou une petite compote de moins de 100 g.

DÉJEUNER

- 30 g de crudités en entrée
- 150 g de légumes cuits
- 30 g de céréales cuites
- 6 cc de viande ou poisson (soit 30 g) ou ½ œuf
- ½ cc d'huile de colza dans les légumes
- 130 g de fruits sans sucre ajouté

GOÛTER

- 130 g de fruits crus ou cuits sans sucre ajouté
- 1 tétée ou 1 à 2 petits-suisses nature ou ½ à 1 yaourt de brebis

DÎNER

- 180 g de légumes cuits sans sel ajouté + 20 g de céréales (ou 200 g de purée de légumes cuits mixés sans sel ajouté)
- 15 g de fromage
- 130 g de fruits sans sucre ajouté

Liste de courses pour un bébé entre 15 et 18 mois

LAIT ET PRODUITS LAITIERS
• Lait de suite (si bébé n'est pas allaité)
• Fromages de vache, de chèvre ou de brebis
• Petits-suisses nature
• Yaourt de brebis ou de chèvre
LÉGUMES (CUITS ET DÉSORMAIS CRUS)
• Artichaut
• Asperge
• Aubergine
• Avocat
• Betterave cuite
• Blette
• Brocoli
• Carotte
• Céleri
• Champignons
• Chou-fleur
• Concombre
• Courge butternut
• Courgette
• Endive
• Épinard
• Fenouil
• Haricot vert ou haricot beurre
• Laitue
• Melon
• Patate douce
• Pâtisson
• Pastèque
• Petit pois
• Poireau
• Potiron et potimarron
• Radis
• Tomate
FRUITS (CUITS ET DÉSORMAIS CRUS)
• Abricot
• Ananas
• Banane
• Cassis
• Cerise
• Citron
• Clémentine et mandarine
• Coing
• Fraise
• Framboise
• Kiwi
• Mangue

- Mirabelle
- Mûre
- Myrtille
- Nectarine
- Orange
- Pamplemousse
- Pêche
- Poire
- Pomme
- Prune (et pruneau)
- Raisin (sans peau ni pépins)
- Reine-claude
- Rhubarbe

POISSONS

- Aiglefin
- Bar
- Cabillaud
- Colin
- Éperlan
- Hareng
- Maquereau
- Merlan (lieu noir)
- Sardine
- Saumon
- Sole
- Thon
- Truite

VIANDES, ŒUFS

- Agneau
- Bœuf
- Dinde
- Jambon blanc (découenné)
- Lapin
- Œuf de poule élevée en plein air ou bio
- Porc (épaule, foie, longe, rôti)
- Poulet (blanc sans peau)
- Veau

HUILES

- Huile de colza (pression à froid)
- Huile d'olive (pression à froid)

CÉRÉALES

- Boulgour
- Millet (décortiqué ou farine)
- Orge (mondé ou perlé)
- Pâtes (vermicelles ou alphabet)
- Quinoa

- Riz basmati
- Sarrasin (décortiqué ou farine)

AROMATES

- Ail
- Aneth
- Basilic
- Cannelle
- Cerfeuil
- Ciboulette
- Clou de girofle
- Coriandre
- Cumin
- Curcuma
- Échalote
- Estragon
- Laurier
- Menthe
- Noix de muscade
- Oignon
- Persil
- Romarin
- Sarriette
- Sauge
- Thym
- Vanille

- Vinaigre balsamique ou de cidre

OLÉAGINEUX

- Poudre d'amandes
- Poudre de graines de lin (acheter les graines de lin et les broyer)
- Poudre de noisettes
- Poudre de noix

18 MOIS

Conseils et recettes au quotidien

Mon enfant grandit

- Il mesure :

....

- Il pèse :

....

Ses goûts se diversifient

- Les légumes qu'il adore :

....

....

- Les fruits qu'il adore :

....

....

- Les viandes qu'il adore :

....

....

- Les poissons qu'il adore :

....

....

- Les fromages qu'il adore :

....

....

- Les céréales qu'il adore :

....

....

- Les aromates qu'il adore :

....

....

Les grands repères des 18 mois

De nouveaux aliments à introduire : les légumineuses

Les légumineuses peuvent être ajoutées à l'alimentation de bébé à partir de 18 mois, sous forme de purée, en prenant soin de toujours bien les associer à une céréale afin d'apporter tous les acides aminés indispensables. Ainsi, 20 g de légumineuses apportent autant de protéines que 20 g de poisson ou d'abats sans apporter de graisses saturées.

De plus, elles renferment en quantité appréciable des vitamines du groupe B, des minéraux comme le magnésium (30 à 50 mg pour 100 g) ou encore du fer (2 à 3 mg pour 100 g), même s'il est moins bien absorbé que le fer des aliments d'origine animale.

Riches en potassium, elles sont également bien pourvues en fibres qui faciliteront le transit de bébé et, cerise sur le gâteau, comme elles possèdent un IG bas (voir encadré page xx), votre enfant ressentira moins rapidement la sensation de faim.

En premier lieu, essayez les lentilles. Il en existe plusieurs variétés : brunes, vertes, vertes du Puy, blondes ou corail. Cette dernière, d'une couleur orange vif, se prête facilement aux purées.

REPÈRES SUR LES LÉGUMINEUSES :

- Flageolets
- Haricots secs (blancs, rosés, rouges)
- Lentilles brunes, vertes, blondes, corail
- Pois cassés
- Pois chiches

Petit conseil pour éviter les fermentations intestinales : les légumineuses seront à choisir de la dernière récolte et avec une peau plus fine ou décortiquée (lentilles vertes ou corail par exemple). De plus, faites-les tremper dans une eau peu calcaire, ajoutez du thym à l'eau de cuisson et laissez-les cuire suffisamment longtemps pour une bonne transformation des amidons.

Les besoins en protéines animales et végétales

Les protéines peuvent contribuer, à hauteur de 15 à 30 %, aux calories que votre enfant consomme dans la journée, avec au moins la moitié de protéines végétales. Parmi ces dernières, le mieux serait d'obtenir, à terme, que dans l'alimentation d'un enfant au moins la moitié des protéines proviennent des légumineuses, des fruits oléagineux (amandes, noix, noisettes…) et du riz. Le reste devra être apporté par les céréales traditionnelles (blé, orge, avoine, seigle…). Or, bien souvent, c'est l'inverse qui se produit.

Le fromage

À partir de 18 mois, une portion de fromage peut être consommée au quotidien, à condition que bébé le tolère bien. L'OMS reconnaît même le rôle protecteur du fromage dans la prévention des caries, car la caséine contenue dans les produits laitiers permet de diminuer l'adhérence des bactéries responsables de la carie dentaire et renforce l'action protectrice de la salive. Toutefois, gardez à l'esprit que les fromages sont très gras et très salés !

Prendre les repas en famille

Troubles du comportement alimentaire, prise de poids, carences… Les habitudes alimentaires des enfants et des adolescents laissent parfois à désirer et peuvent altérer leur santé. Mais d'après une étude publiée dans le journal *Pediatrics*[1], les enfants qui prennent régulièrement leurs repas en famille auraient une meilleure alimentation que les autres et auraient moins de risques d'obésité.

Les auteurs ont analysé les données relatives au poids ainsi qu'aux habitudes alimentaires de 182 836 enfants et adolescents âgés de 3 à 17 ans.

1 Amber J. Hammons and Barbara H. Fiese : « Is Frequency of Shared Family Meals Related to the Nutritional Health of Children and Adolescents? » *Pediatrics*, May 2011; doi:10.1542/peds.2010-1440.

Les résultats confirment l'importance du partage des repas pour la santé. La fréquence des repas en famille est en effet associée à l'équilibre nutritionnel.

Chez les enfants et les adolescents qui mangent plus de trois fois par semaine avec leur famille, le risque d'excès de poids est réduit de 12 % et le risque de troubles du comportement alimentaire est réduit de 35 %.

Par ailleurs, les enfants qui prennent leurs repas en famille consomment moins de sucreries, de fritures et de sodas que ceux qui mangent moins souvent en famille.

Des textures adaptées

Après 18 mois, vous pouvez conserver le même schéma d'alimentation que celui recommandé pour les 15-18 mois. Il suffit juste d'adapter les quantités et, surtout, les textures à chaque enfant selon son propre développement et selon son pouvoir de mastication.

De la texture mixée, vous pourrez passer à la texture moulinée, puis aux petits morceaux jusqu'à ce que votre enfant puisse mâcher comme vous et manger des fruits crus entiers, coupés en morceaux ou en rondelles. Toutefois, ce n'est pas parce qu'il peut manger comme vous qu'il doit manger la même chose que vous ! Les pizzas, quiches et autres plats industriels et préparés ne doivent pas rentrer dans son alimentation quotidienne, ni dans la vôtre d'ailleurs !

Pirogues d'endives céleri-betterave

Préparation : 10 min

Pas de cuisson

››› **Ingrédients :**
- 1 petite endive (1 feuille)
- 25 g de céleri cru râpé
- ¼ de betterave cuite (25 g environ)
- 5 raisins secs
- quelques gouttes de jus de citron
- 1 brin de ciboulette
- 1 filet d'huile de colza ou de noix
- 1 noix

››› Lavez, effeuillez l'endive et conservez 1 feuille intacte et bien courbe pour en faire 1 petite pirogue.

Coupez en petits dés la betterave cuite.

Râpez le céleri et prélevez-en entre 20 et 30 g.

Arrosez le céleri de jus de citron pour qu'il conserve sa couleur.

Disposez dans la pirogue les dés de betteraves et le céleri râpé.

Ajoutez les raisins secs, la ciboulette ciselée, la noix écrasée en très fins morceaux ou en poudre et le filet d'huile.

■ ASTUCES ET CONSEILS : ***l'endive dans ce cas sert uniquement de contenant. Plus tard, elle pourra être consommée par les plus grands quand ils auront assez de dents.***

Soupe de pois cassés

Préparation : 10 min

Cuisson : 40 min

››› **Ingrédients :**

- 30 g de pois cassés
- ¼ de carotte
- ¼ d'oignon
- 1 tronçon de branche de céleri
- 1 brin de persil
- 1 feuille de laurier
- 1 pincée de thym

››› Lavez les pois cassés et égouttez-les.

Coupez la carotte en rondelles

Hachez finement l'oignon et le céleri.

Ciselez le persil.

Mettez l'ensemble des ingrédients dans une cocotte fermée et comptez 40 min de cuisson.

Retirez la feuille de laurier.

Mixez.

■ ASTUCES ET CONSEILS : ***les pois cassés sont d'excellentes sources de protéines et permettent d'en apporter autant que la viande ou le poisson. Ce plat est donc idéal pour le soir.***

Courgette farcie au steak haché

Préparation : 10 min

Cuisson : 40 min

››› **Ingrédients :**
- ½ courgette coupée dans le sens de la longueur
- 30-40 g de steak haché à 5 % de matières grasses
- 10 g de gruyère râpé
- 1 pincée de paprika
- 1 cc d'huile d'olive (première pression à froid)

››› Préchauffez votre four th. 7 (210 °C).

Lavez et essuyez la courgette. Enlevez la chair du légume à l'aide d'une cuillère à café.

Mélangez dans un saladier : la chair de la courgette, le steak haché, le paprika. Remuez afin d'obtenir une farce régulière.

Farcissez la courgette et saupoudrez de gruyère.

Posez la courgette dans un plat allant au four et enfournez 40 min.

■ ASTUCES ET CONSEILS : ***vous pouvez utiliser d'autres légumes à farcir : aubergine ou tomate. Pour donner du goût à la chair, n'hésitez pas à rajouter dans le mélange des aromates : thym, romarin, sarriette, etc.***

Poêlée de petits légumes au thon et ses pâtes semi-complètes

Préparation : 15 min

Cuisson : 15 min

››› **Ingrédients :**
- 60 g de tomate
- 60 g de poireau
- 30 g d'oignon
- 40 g de thon (frais ou en boîte au naturel)
- 20-30 g de pâtes semi-complètes (crues)
- 1 cs d'huile d'olive (première pression à froid)

››› Faites cuire les pâtes *al dente* selon l'indication portée sur le paquet.

Pendant ce temps, lavez, épluchez et taillez très finement la tomate, le poireau et l'oignon.

Faites-les cuire dans un filet d'huile d'olive 10-15 min.

Faites cuire le thon à la vapeur ou ouvrez la boîte de thon au naturel et ajoutez aux légumes une fois cuits.

Égouttez les pâtes et passez-les rapidement au mixeur pour les bébés plus petits, ajoutez-les aux légumes et au thon.

■ ASTUCES ET CONSEILS : ***les céréales semi-complètes ont l'avantage d'être riches en fibres : elles régulent le transit et contribuent à la satiété. Le thon, riche en oméga-3, va participer au bon développement du cerveau de votre enfant. Ce petit plat peut être réalisé pour toute la famille.***

Carpaccio d'orange

Préparation : 10-15 min

Cuisson : 15 min

››› **Ingrédients :**

- 1 petite orange
- 1 cc d'amandes en poudre
- 5 g de chocolat noir = 1 carré (minimum 70 % de cacao)

››› Épluchez l'orange et enlevez le maximum de petites peaux blanches. Si vous êtes à l'aise, pelez-la à vif avec un très bon couteau.

Coupez-la en très fines rondelles.

Disposez sur une petite assiette les fines tranches d'orange.

Faites fondre au bain-marie le carré de chocolat en ajoutant un peu d'eau chaude (1/2 cc) si nécessaire.

Nappez de chocolat les rondelles d'orange et parsemez de poudre d'amandes.

■ ASTUCES ET CONSEILS : ***il est important de ne pas habituer votre bébé au chocolat au lait qui est résolument trop sucré. Vous pouvez également choisir pour cette recette un cacao en poudre, sans sucre ajouté, type Van Houten.***

Jus pastèque-framboise

››› **Ingrédients :**
- 1 petite tranche de pastèque
- 3 framboises
- 2 feuilles de menthe fraîche

Préparation : 5 min

Cuisson : 0 min

Repos : 30 min

››› Pelez et épépinez la pastèque.

Mixez-la avec les framboises préalablement lavées.

Ajoutez les deux feuilles de menthe fraîches entières.

Laissez macérer 30 min au réfrigérateur puis retirez la menthe au moment de servir.

■ ASTUCES ET CONSEILS : ***ce jus de fruits maison peut parfaitement, de temps en temps, remplacer le fruit du goûter, surtout en été pour désaltérer bébé. La pastèque peut également être remplacée par le melon et les framboises par des fraises ou d'autres fruits rouges de saison ou surgelés. L'utilisation de fruits d'origine biologique permet de conserver la peau de ceux-ci après les avoir bien lavés. Une autre idée de jus : ½ carotte + ¼ de pomme verte + ¼ d'orange.***

Organisation nutritionnelle d'une journée d'un bébé entre 18 et 24 mois (à adapter selon l'appétit de bébé)

PETIT DÉJEUNER

- 1 verre de lait végétal ou de lait de croissance
- 1 petite tartine de pain au levain ou de seigle (type Wasa) avec un peu de beurre ou de margarine oméga-3
- ou bouillie du week-end

DÉJEUNER

- 50 g de crudités en entrée
- 150 g de légumes cuits
- 50 g de céréales cuites
- 30-40 g de viande ou poisson ou 1 œuf
- 1 cc d'huile de colza dans les légumes
- 1 petit fruit cru en morceau ou cuit sans sucre ajouté

GOÛTER

- 1 petit fruit cru en morceau ou cuit sans sucre ajouté
- 2 petits-suisses nature ou 1 yaourt de brebis ou de chèvre ou 15 g de fromage

DÎNER

- 200 g de légumes cuits sans sel ajouté
- 30 g de céréales
- 30 g de légumineuses en purée
- 1 fruit

Liste de courses pour un bébé entre 18 et 24 mois

LÉGUMES (CUITS ET DÉSORMAIS CRUS)
• Artichaut
• Asperge
• Aubergine
• Avocat
• Betterave cuite
• Blette
• Brocoli
• Carotte
• Céleri
• Champignons
• Chou rouge
• Chou-fleur
• Concombre
• Courge butternut
• Courgette
• Endive
• Épinard
• Fenouil
• Haricot vert ou haricot beurre
• Laitue
• Melon
• Navet
• Pastèque
• Patate douce
• Pâtisson
• Petit pois
• Poireau
• Poivron
• Potiron et potimarron
• Radis
• Tomate

FRUITS (CUITS ET DÉSORMAIS CRUS)
• Abricot
• Ananas
• Banane
• Cassis
• Coing
• Cerise
• Citron
• Clémentine et mandarine
• Fraise
• Framboise
• Kiwi
• Mangue
• Mirabelle
• Nectarine
• Pêche
• Mûre
• Myrtille

- Orange
- Pamplemousse
- Poire
- Pomme
- Prune (et pruneau)
- Raisin (sans peau ni pépins)
- Reine-claude
- Rhubarbe

POISSONS

- Aiglefin
- Bar
- Cabillaud
- Colin
- Éperlan
- Hareng
- Maquereau
- Merlan (lieu noir)
- Sardine
- Saumon
- Sole
- Thon
- Truite

VIANDES, ŒUFS

- Agneau
- Bœuf
- Dinde
- Jambon blanc (découenné)
- Lapin
- Œuf de poule élevée en plein air ou bio
- Porc (épaule, foie, longe, rôti)
- Poulet (blanc sans peau)
- Veau

PRODUITS LAITIERS (ANIMAUX OU VÉGÉTAUX)

- Lait de suite (si bébé n'est pas allaité)
- Laits végétaux sans sucre ajouté à base d'amandes, de riz, de noisettes, d'avoine, de quinoa, de châtaignes ou encore de soja.
- Fromages de vache, de chèvre ou de brebis
- Petits-suisses nature
- Yaourt de brebis ou de chèvre

LÉGUMINEUSES

- Flageolets
- Haricots secs (blancs, rosés, rouges)

- Lentilles brunes, vertes, blondes, corail
- Pois cassés
- Pois chiches

HUILES ET MATIÈRES GRASSES

- Beurre
- Huile de colza (pression à froid)
- Huile d'olive (pression à froid)

CÉRÉALES

- Boulgour
- Millet (décortiqué ou farine)
- Orge (mondé ou perlé)
- Pain multicéréales au levain (ou Wasa)
- Pâtes (cuites al dente)
- Quinoa
- Riz basmati
- Sarrasin (décortiqué ou farine)

AROMATES

- Ail
- Aneth
- Basilic
- Cannelle
- Cerfeuil
- Ciboulette
- Clou de girofle
- Coriandre
- Cumin
- Curcuma
- Échalote
- Estragon
- Laurier
- Menthe
- Noix de muscade
- Oignon
- Persil
- Romarin
- Sarriette
- Sauge
- Thym
- Vanille
- Vinaigre balsamique ou de cidre

OLÉAGINEUX

- Poudre d'amandes
- Poudre de graines de lin (acheter les graines de lin et les broyer)
- Poudre de noisettes
- Poudre de noix

2 ANS

Conseils et recettes au quotidien

Mon enfant grandit

- Il mesure :

....

- Il pèse :

....

Ses goûts se diversifient

- Les légumes qu'il adore :

....

....

- Les fruits qu'il adore :

....

....

- Les viandes qu'il adore :

....

....

- Les poissons qu'il adore :

....

....

- Les légumineuses qu'il adore :

....

....

- Les fromages qu'il adore :

....

....

- Les céréales qu'il adore :

....

....

- Les aromates qu'il adore :

....

....

Les grands repères des 2 ans

La période du « non » et du refus de la nouveauté

Votre enfant va souffler sa deuxième bougie ? Il devient désormais de plus en plus autonome et, surtout, il sait totalement ce qu'il veut et ne veut pas !

Face à des refus que vous pouvez essuyer au quotidien, qu'ils soient alimentaires ou non, essayez de garder votre calme en toute circonstance, même si cela est beaucoup plus facile à dire qu'à faire !

Plus vous vous braquerez face à un « non, pas ça » en désignant ce qu'il y a dans son assiette, et plus vous risquez d'entretenir ce conflit alimentaire.

S'il n'aime pas ou ne veut même pas goûter ce que vous lui présentez, ne lui proposez surtout pas autre chose et continuez le repas en famille tranquillement. Régalez-vous simplement de ce que vous avez préparé pour tout le monde et ne lui donnez pas du pain pour patienter jusqu'au plat suivant ! Une chose également à ne pas faire est de lui proposer un autre plat ou encore d'accéder à sa demande une heure plus tard parce qu'il a faim !

Les fruits de mer et les crustacés

À partir de l'âge de 2 ans, vous allez pouvoir initier votre enfant aux produits de la mer autres que les poissons. Inutile de penser que vous allez pouvoir lui faire goûter des huîtres à Noël ! Non, il va s'agir ici des fruits de mer et des crustacés cuits comme la chair des crevettes grises et roses, des langoustines, des crabes ou encore les moules bien cuites ou les noix de saint-Jacques.

La teneur en excellentes protéines des fruits de mer et des crustacés va permettre de changer de l'éternel steak haché ou du pavé de cabillaud. De plus, ces aliments permettent un apport non négligeable en iode et en zinc, deux éléments essentiels au bon développement de votre enfant.

REPÈRES SUR LES FRUITS DE MER ET LES CRUSTACÉS

- Crabe
- Crevette grise
- Crevette rose
- Langoustine
- Moule
- Noix de saint Jacques

Le PNNS dit : « un féculent à chaque repas »

La part des glucides doit en effet représenter 40 à 55 % des calories que votre enfant ingère dans la journée. Toutefois, comme nous avons pu déjà le voir, tous les féculents ne se valent pas : les pommes de terre, le pain blanc, le riz très cuit ou encore les céréales sucrées du petit déjeuner se digèrent très rapidement et ne peuvent faire partie intégrante de la vraie classe des « sucres lents ».

L'essentiel sera donc avant tout de choisir les bons aliments glucidiques, c'est-à-dire ceux dont :
- l'index glycémique est bas ;
- la densité calorique est la plus basse ;
- la densité nutritionnelle est la plus élevée.

Pour résumer et faire simple, il suffira de puiser en priorité les glucides dans les légumes, les fruits, les tubercules (autres que pommes de terre) puis, seulement en deuxième choix, dans les céréales.

Cette règle est valable pour votre enfant mais également pour toute la famille.

L'importance d'un petit déjeuner équilibré

Le petit déjeuner arrive après une période de jeûne de huit à dix heures. Son apport nutritionnel doit permettre de compenser une partie des dépenses de la matinée. Il permet chez la plupart des enfants d'éviter les sensations de fatigue intellectuelle ou musculaire et, surtout, s'il est équilibré, l'hypoglycémie et le grignotage de 10 heures. Le petit déjeuner pourrait être conçu pour apporter 20 à 25 % de l'énergie totale de la journée, même s'il existe de grandes variabilités selon les enfants. Certains pourront s'accommoder sans risque d'un petit déjeuner réduit à son minimum, mais de nombreuses études montrent que les enfants qui prennent un bon petit déjeuner ont moins de risques de devenir obèses que ceux qui ne mangent pas le matin[1].

Comme toute la famille est de plus en plus pressée et que chaque minute de sommeil compte, le petit déjeuner se résume bien souvent à un bol de céréales... enfin plutôt de « croquettes » pour enfants avalées au bout de la table de la cuisine en deux minutes trente. Parfois, pire encore, le petit déjeuner est pris dans la voiture familiale avec un sachet de biscuits spécifiques pour le petit déjeuner ou une viennoiserie préemballée !

Si tel est le cas dans votre famille, essayez de montrer le bon exemple à votre enfant en prenant vous-même un bon petit déjeuner et, si besoin, levez toute la famille quinze minutes plus tôt. De plus, une petite astuce pour « gagner du temps » est de préparer la table la veille.

Zoom sur les céréales sucrées du petit déjeuner

Si l'on en croit les messages publicitaires, les céréales du petit déjeuner (pétales sucrées, riz soufflé, billes au miel ou fourrées au chocolat, etc.) sont un allié précieux pour aider les enfants à grandir en pleine forme. Tonus, vitalité et surtout santé : les promesses des fabricants sont bien alléchantes pour les mamans. Mais est-ce que vous donnez vraiment le meilleur petit déjeuner à vos enfants avec un bol de céréales, surtout celles destinées aux enfants ? Pas si sûr !

En effet, bien souvent, ces céréales ont deux gros défauts :

- **Elles font grimper la glycémie**, c'est-à-dire le taux de glucose dans le sang, en flèche ! Et le problème survient trois heures après le repas de votre enfant car son glucose sanguin s'effondre. Sa vigilance baisse et il a faim ! Selon certaines études, les enfants qui prennent un petit déjeuner à IG élevé mangent plus que leurs camarades au repas de midi. Le petit déjeuner à IG élevé serait donc un facteur de surpoids car les repas qui font monter le taux de sucre trop rapidement augmentent la sensation de faim, le nombre de calories ingérées et le cholestérol total.

1 Marie-Francoise Rolland-Cachera : « Anthropometric and Behavioral Patterns Associated with Weight Maintenance after an Obesity Treatment in Adolescents », *The Journal of Pediatrics* Volume 152, Issue 5, May 2008, Pages 678-684.
« Breakfast Eating and Weight Change in a 5-Year Prospective Analysis of Adolescents: Project EAT », March edition of *Pediatrics*, American Academy of Pediatrics.

Or la plupart des céréales pour enfants ont des IG très élevés, principalement à cause des procédés de fabrication, des hautes températures et des pressions élevées qui détruisent la texture de la farine de blé. C'est plus que des confiseries ! Seuls les flocons d'avoine et le muesli présentent un IG acceptable.

- **Elles ont une teneur en sucre ajouté trop importante**.

En théorie, un régime équilibré ne doit pas dépasser 10 % de sucre. Un bol de céréales est composé en moyenne de 80 % de glucides, dont plus de 30 % de sucre, bien au-delà du maximum de 10 % conseillé.

Par exemple, un bol de 30 g de céréales baignant dans 125 ml de lait apporte environ 16 g de sucre. L'équivalent de trois morceaux de sucre.

Ces céréales sucrées du petit déjeuner habituent les enfants au goût sucré dès le plus jeune âge et, après des années de consommation, il vous sera bien difficile de passer à autre chose sans que l'on vous rétorque que « ça n'a pas de goût » !

Ces céréales créées pour les enfants sont-elles tout simplement à laisser dans le rayon ? Elles sont certes pratiques et rapides pour le matin mais correspondent aussi à un des petits déjeuners les plus chers qui soit. Un bol de céréales de temps en temps ne fait de mal à personne, mais ces produits sont très sophistiqués et surtout trop riches en graisses saturées et en sucres simples pour être consommés tous les matins.

Il en va de même pour la plupart des pains blancs, pains briochés et pains de mie qui ont des index glycémiques élevés, des viennoiseries, des biscuits et des barres de céréales spécifiques du petit déjeuner qui apportent beaucoup de sucres rapides.

Oui, les enfants adorent les céréales, mais vous pouvez aussi leur proposer d'autres formules de petit déjeuner tout aussi appétissantes et probablement meilleures pour leur santé en choisissant de bons aliments :

- Pour les glucides : un pain au levain aux céréales pour son index glycémique modéré ou bien des flocons d'avoine ou du muesli.
- Pour les matières grasses : beurre, margarine oméga-3 ou purée d'oléagineux.
- Pour les protéines : un yaourt, un petit-suisse, du fromage ou, mieux, des oléagineux.
- Pour les antioxydants : un petit fruit frais ou des fruits secs.

Les parents et l'enfant végétariens

On considère qu'un régime végétarien bien planifié est adapté aux enfants et ne nuit pas à leur croissance. Les parents doivent s'assurer que l'apport en calories et en certains nutriments (protéines, matières grasses, vitamine D et B12, fer, calcium) est suffisant.

Pour l'*American Dietetic Association* (ADA), le régime végétarien est parfaitement bien adapté aux besoins nutritionnels des enfants, quel que soit leur âge, à une condition : s'assurer qu'ils mangent suffisamment de tout pour leur assurer une bonne croissance.

Une étude, réalisée en 2005, sur 390 personnes végétariennes depuis l'enfance, ne montre aucune différence significative de croissance avec les individus devenus végétariens vers l'âge de 20 ans[1].

En ce qui concerne le régime végétalien, qui proscrit tout produit animal, les avis divergent. L'ADA ne voit pas d'objection à ce que des enfants le suivent. Les parents doivent alors être particulièrement attentifs et une supplémentation en vitamine B12 sera nécessaire car on ne la trouve que dans les produits animaux.

Un complexe multivitamines et minéraux est-il indispensable ?

Les vitamines et minéraux sont des substances essentielles au bon développement de bébé en petite ou très petite quantité. La plupart des vitamines ne sont apportées que par l'alimentation, à part la vitamine D que le corps sait fabriquer au printemps et en été par exposition de la peau au soleil. Toutefois, comme les bébés sont la plupart du temps très protégés avec les casquettes, les lunettes, les vêtements couvrants ou encore la crème solaire, il arrive que les taux de cette vitamine soient extrêmement bas. Ainsi, bien souvent, les pédiatres prescrivent un complément de vitamine D sous forme de fortes doses uniques.

De votre côté, vous pouvez aussi choisir de donner à votre enfant de la vitamine D issue de l'huile de foie de morue plus régulièrement, sous forme de petits comprimés à croquer et à des dosages beaucoup moins importants.

1 Timothy J. Key, Paul N. Appleby, Magdalena S. Rosell : « Proceedings of the Nutrition Society", " Health effects of vegetarian and vegan diets », publiée en ligne par *Cambridge University Press* le 7 Mars 2007.

Roulé de jambon au chou

Préparation : 10 min

Cuisson : 1 min

››› **Ingrédients :**
- 1 tranche de jambon blanc
- 100 g de chou blanc
- 10 g de pignon de pin
- ¼ d'orange
- 1 cc d'huile d'olive (première pression à froid)
- 1 pincée d'estragon

››› Pressez l'orange et ajoutez-y l'huile d'olive et l'estragon.
Dorez les pignons de pin une minute à la poêle.
Émincez très finement le chou et ajoutez-y l'assaisonnement.
Répartissez-le sur la tranche de jambon puis roulez-le.

ASTUCES ET CONSEILS : ***l'acidité du chou dépend de la date de sa récolte. Pour la diminuer, rincez le chou avant de le couper en lamelles.***

Verrine de concombre au saumon fumé

Préparation : 10 min

Pas de cuisson

››› **Ingrédients :**
- 70 g de concombre
- ¼ de tranche de saumon fumé (25 g)
- quelques gouttes de citron
- une pincée de ciboulette ciselée

››› Lavez, épluchez puis taillez le concombre en petits dés.

Coupez le saumon en fines lamelles et ajoutez-y quelques gouttes de citron fraîchement pressé.

Dans un petit verre ou une verrine, disposez dans le fond les dés de concombre, puis ajoutez sur le dessus le saumon fumé.

Ciselez la ciboulette sur le dessus et servez frais.

ASTUCES ET CONSEILS : ***cette petite entrée fraîche est parfaite en été. Elle permet d'apporter des acides gras oméga-3 indispensables aux cellules de bébé. Pensez à diminuer la quantité de viande ou de poisson dans le plat principal quand vous servez un peu de protéines animales en entrée.***

Tajine de courgettes et patates douces

Préparation : 15 min

Cuisson : 120 min

››› **Ingrédients :**

- 60 g de courgette
- 60 g de patate douce
- 3 raisins secs (préalablement trempés dans de l'eau)
- quelques lamelles d'oignon
- 1 cc d'huile d'olive (première pression à froid)
- 1 pincée de cannelle et de coriandre en poudre

››› Épluchez un oignon et gardez quelques lamelles finement émincées à faire revenir dans l'huile d'olive à feu très doux.

Préchauffez le four th. 6 (180 °C).

Épluchez la patate douce et coupez-la en dés.

Lavez la courgette (gardez la peau) et coupez-la en fines lamelles.

Ajoutez la patate douce, la courgette, les raisins secs et les épices à l'oignon.

Faites revenir le tout 2-3 min et déposer ce mélange dans un petit plat en terre cuite avec une cuillère à soupe d'eau, en prenant soin de le recouvrir avec un papier aluminium percé de quelques trous.

Enfournez 30 min et servez avec 30 g de semoule de couscous.

Flan de volaille aux courgettes

››› Ingrédients (Pour 2 enfants) :
- 1 courgette
- 60 g d'escalope de dinde ou de poulet
- 1 œuf
- 20 g de chèvre frais
- une pincée de noix de muscade râpée

Préparation : 5-10 min

Cuisson : 20 min

››› Préchauffez votre four th. 6 (180 °C).

Lavez la courgette, enlevez les extrémités et râpez-la finement.

Coupez la viande en petits morceaux.

Dans un bol, battez l'œuf et ajoutez les courgettes râpées, les petits morceaux de volaille, le fromage de chèvre émietté et la pincée de noix de muscade.

Répartissez dans deux petits ramequins et enfournez 20 min au bain-marie.

ASTUCES ET CONSEILS : ***particulièrement riche en vitamines du groupe B (B3, B5 et B6) et en zinc, la dinde est aussi source de fer. De plus, elle est relativement peu grasse et surtout très pauvre en acides gras saturés.***

Trio de quinoa-riz-lentilles pour le dîner

Préparation : 5 min

Cuisson : 15 min

››› **Ingrédients :**
- 15 g de quinoa
- 15 g de lentilles corail
- 15 g de riz thaï ou basmati
- ½ cc de sauce soja
- 1 cs d'huile d'olive (pression à froid) ou de sésame
- une pincée de graines de sésame

››› Versez le quinoa, les lentilles corail et le riz thaï dans une casserole d'eau bouillante et laissez cuire pendant environ 15 min en remuant de temps en temps.

Disposez l'association céréales et légumes secs dans un petit ramequin.

Mélangez la sauce soja et l'huile d'olive ou de sésame et ajoutez-la à la préparation.

Décorez avec les graines de sésame.

■ ASTUCES ET CONSEILS : ***ce type de plat, associant les céréales et les légumineuses, apporte l'ensemble des acides aminés indispensables à la fabrication des protéines par l'organisme. Il remplace facilement une portion de viande, de poisson ou d'œuf le soir. Il peut parfaitement être accompagné d'une entrée de crudités ou d'un potage pour apporter les légumes indispensables.***

Petits biscuits maison au miel

Préparation : 10 min

Cuisson : 20 min

››› **Ingrédients :**

- 250 g de flocons d'avoine biologique
- 125 g de margarine type St Hubert oméga-3
- 1 œuf
- 3 cs de miel
- 80 g de noisettes ou de poudre de noisettes

››› Préchauffez votre four th. 5 (150 °C).

Faites fondre la margarine et le miel à feu doux dans une petite casserole.

Versez-y les flocons d'avoine et ajoutez l'œuf entier et les noisettes finement concassées (ou la poudre de noisettes).

Déposez sur une feuille de cuisson cette préparation sous forme de petits tas ronds ou longs.

Faites cuire 20 min.

Laissez refroidir et faites déguster ces biscuits à toute la famille, pour un goûter spécial !

Organisation nutritionnelle d'une journée d'un bébé entre 2 et 3 ans (à adapter selon l'appétit de bébé)

PETIT DÉJEUNER

- 1 verre de lait végétal ou de lait de croissance
- 1 petite tartine de pain au levain ou de seigle (type Wasa) avec un peu de beurre ou de margarine oméga-3 ou de purée d'oléagineux
- ou bouillie du week-end

DÉJEUNER

- 50 g de crudités en entrée
- 150 g de légumes cuits
- 50 g de céréales cuites
- 30-40 g de viande ou poisson ou 1 œuf
- 1 cc d'huile de colza dans les légumes
- 1 petit fruit cru en morceau ou cuit sans sucre ajouté

GOÛTER

- 1 petit fruit cru en morceau ou cuit sans sucre ajouté
- 2 petits-suisses nature ou 1 yaourt de brebis ou de chèvre ou 15 g de fromage

DÎNER

- 200 g de légumes cuits sans sel ajouté
- 30 g de céréales
- 30 g de légumineuses en purée
- 1 fruit

Liste de courses pour un bébé entre 2-3 ans

LÉGUMES (CRUS OU CUITS)

- Artichaut
- Asperge
- Aubergine
- Avocat
- Betterave cuite
- Blette
- Brocoli
- Carotte
- Céleri (branche ou rave)
- Champignons
- Chou de Bruxelles
- Chou rouge
- Chou-fleur
- Cœur de palmier
- Concombre
- Courge butternut
- Courgette
- Endive
- Épinard
- Fenouil
- Haricot vert ou haricot beurre
- Laitue
- Melon
- Navet
- Patate douce
- Pâtisson
- Pastèque
- Petit pois
- Poireau
- Poivron
- Potiron et potimarron
- Radis
- Rutabaga
- Salade (frisée, mâche, laitue, scarole, roquette)
- Salsifis
- Tomate

FRUITS (CRUS, CUITS FRAIS OU SECS)

- Abricot (frais et sec)
- Ananas
- Banane
- Cassis
- Cerise
- Citron
- Clémentine et mandarine
- Coing
- Datte (fraîche et sèche)
- Figue (fraîche et sèche)

- Fraise
- Framboise
- Groseille
- Kiwi
- Mangue
- Mirabelle
- Mûre
- Myrtille
- Nectarine
- Orange
- Pamplemousse
- Pêche
- Poire
- Pomme
- Prune (et pruneau)
- Raisin (sans peau ni pépins ou sec)
- Reine-claude
- Rhubarbe

POISSONS ET PRODUITS DE LA MER

- Aiglefin
- Bar
- Cabillaud
- Colin
- Coques
- Crabe
- Crevettes grises
- Crevettes roses
- Éperlan
- Hareng
- Langoustines
- Maquereau
- Merlan (lieu noir)
- Moules
- Noix de saint-jacques
- Sardine
- Saumon
- Sole
- Thon
- Truite

VIANDES, ŒUFS

- Agneau
- Bœuf
- Canard
- Cheval
- Dinde
- Jambon blanc (découenné)
- Lapin
- Œuf de poule élevée en plein air ou bio
- Porc (épaule, foie, longe, rôti)

- Poulet (cuisse, blanc sans peau)
- Veau

PRODUITS LAITIERS (ANIMAUX OU VÉGÉTAUX)

- Lait de suite
- Laits végétaux sans sucre ajouté à base d'amandes, de riz, de noisettes, d'avoine, de quinoa, de châtaignes ou encore de soja.
- Fromages de vache, de chèvre ou de brebis
- Yaourt soja nature
- Petits-suisses nature
- Yaourt de brebis ou de chèvre

Légumineuses

- Flageolets
- Haricots secs (blancs, rosés, rouges)
- Lentilles brunes, vertes, blondes, corail
- Pois cassés
- Pois chiches

HUILES

- Beurre
- Huile de colza (pression à froid)
- Huile d'olive (pression à froid)

CÉRÉALES

- Avoine (flocons)
- Boulgour
- Blé en grain (type Ebly)
- Millet (décortiqué ou farine)
- Muesli sans sucre ajouté (vers 3 ans)
- Orge (mondé ou perlé)
- Pain multicéréales au levain (ou Wasa)
- Pâtes (cuites *al dente*)
- Quinoa (en grain ou farine)
- Riz basmati
- Sarrasin (décortiqué ou farine)

AROMATES ET CONDIMENTS

- Ail
- Aneth
- Basilic
- Cannelle
- Cerfeuil
- Ciboulette

- Clou de girofle
- Coriandre
- Cornichon
- Cumin
- Curcuma
- Échalote
- Estragon
- Gingembre
- Laurier
- Menthe
- Noix de muscade
- Oignon
- Paprika
- Persil
- Poivre
- Romarin
- Safran
- Sarriette
- Sauge
- Thym
- Vanille
- Vinaigre balsamique ou de cidre

OLÉAGINEUX

- Amandes (poudre, effilées ou bien écrasées)
- Graines de lin (à réduire en poudre ou à incorporer directement)
- Noisettes (poudre ou bien écrasées)
- Noix (poudre ou bien écrasées)
- Pignons de pin
- Purées d'oléagineux sans sucre ajouté (d'amandes, de noisettes, de noix, etc.)

POUR LE PLAISIR

- Chocolat noir à 70 % minimum de cacao
- Sirop d'agave (pour relever un dessert)

5 recettes du chef Damien Corvazier

Manger est une joie simple que nous cherchons à sublimer par l'art de préparer les aliments. C'est un acte d'amour, de création qui se meut dans la passion. La nourriture est vitale pour l'homme et influe sur la qualité et l'orientation de sa vie. Partager, c'est développer notre humanité, celle qui rime avec humilité. Élevons ensemble notre qualité de vie d'être humain dans le respect et la bienveillance afin d'être heureux ensemble.

L'homme est un produit de la nature et il s'en nourrit. Nous sommes tous liés à notre mère nourricière, la Terre, et ne pas la respecter c'est ne pas se respecter. Si la Terre est polluée, alors l'homme sera pollué. Nous devons garder en mémoire que l'on emprunte la Terre aux enfants de nos enfants et, pour mieux les aimer, nous devons la respecter.

Nous aimerions tous laisser une trace de notre passage, mais que cette trace ne soit pas une souillure et un poids pour les générations futures. Qu'ils ne payent pas trop cher le poids de notre vanité, de notre orgueil et de notre arrogance qui nous mènent à piller les ressources, à polluer l'eau, l'air et la terre sans aucune gestion du lendemain. Ces ressources sont vitales, sans elles, pas d'économie sereine et durable, donc plus de démocratie et plus de système garantissant l'équité.

L'addition de ces pénuries serait le début du chaos et serait fatal pour notre civilisation. L'homme ne vaut pas grand-chose lorsqu'il n'agit que pour lui même. Mais il peut être bon lorsqu'il cherche à faire le bien pour l'ensemble.

Puissent nos descendants êtres fiers de notre vraie richesse, celle du cœur, qui se trouve bien au-delà des considérations pécuniaires individuelles. Nous ne sommes que des acteurs de passage assurant et assumant un simple rôle de relais, un trait d'union ô combien important entre deux mouvements d'une même symphonie : la vie. Cette mélodie doit perdurer et s'élever, elle possède sa propre volonté, une énergie puissante et un amour incommensurable que nous avons souvent du mal à percevoir. Voir cette réalité serait un nouveau défi qu'il conviendrait de manifester. Élever notre conscience et notre liberté individuelle, sans dogme ni manipulation, mais dans une vraie fraternité. Percevons l'interrelation entre toute chose vivante sur la planète et nos décisions seront bénéfiques pour l'ensemble et donc aussi pour chacun de nous.

Nous avons tous le devoir d'être heureux et en paix ; et la nourriture en est la première clef : celle qui soigne si elle est préparée de manière saine et appropriée au métabolisme fonctionnel de l'homme, en harmonie avec son activité et ses particularités individuelles. Nourrissons et éduquons pleinement nos sens, écoutons le doux chant de la cuisson quand elle est juste, regardons un mets joliment présenté, sentons-le pour s'en imprégner puis dégustons-le en toute conscience afin d'en ressentir toutes les sensations, jeux de couleurs, de saveurs et de textures… « le goût des mets est le goût d'aimer ».

Dans notre assiette il y a la terre, le soleil, l'eau et l'air : les quatre éléments qui ont fait naître ces aliments par le miracle de la vie ; ceux-ci sont transformés par les gestes de celui qui, par sa passion, ses connaissances, son travail et son amour, les ont sublimés. Mangez avec plaisir et soyez heureux ensemble, dans la sérénité du moment présent, dans une pleine conscience.

Ouvrons nos garde-manger et regardons la part des produits frais. L'analyse est pitoyable, on ne sait plus guère cuisiner au quotidien et ceci malgré la quantité d'émissions télévisuelles. Hier les enfants voyaient dans les cuisines des produits frais, arrivés du potager de la maison ou du marché local. Aujourd'hui, le roi de la cuisine est le packaging qui cache une nourriture pleine de calories mais vide de nutriments essentiels. Le tout, accompagné de son cortège d'additifs alimentaires. L'ensemble est loin d'être inoffensif pour notre santé. Et qu'en est-il de l'empreinte écologique supportée par la planète qui sera un jour léguée aux générations futures ?

Le véritable engagement est celui du choix de notre consommation et le choix de privilégier une filière plutôt qu'une autre, celle qui serait en accord avec nos sentiments et nos aspirations les plus profondes et les plus élevées. L'uniformisation provoquée par l'industrie alimentaire, par la mécanisation, la robotisation du processus de fabrication, ainsi que l'emploi de multiples additifs chimiques a des effets non seulement sur la santé mais aussi sur le changement de références des goûts et des saveurs dans notre société. Nous y perdons surtout le supplément d'âme que peut apporter l'homme qui travaille avec son cœur.

Damien Corvazier

Merci au chef Damien Corvazier, du restaurant « Le Parvis Saint Hilaire » au Mans, pour son délicieux texte et ses cinq recettes qui sauront, sans nul doute, ravir les papilles des petits… et des plus grands ! Un grand merci également à Emmanuel Bordeau, passionné de cuisine et auteur de l'ouvrage *Les Toqués de la Sarthe*, qui a su d'instinct que nos idées se rejoindraient et se complèteraient…

La cuisine de Damien Corvazier allie la succulence, l'équilibre de nos grands équilibres physiologiques et le respect de l'environnement. Pour ses plats savoureux, il sélectionne les meilleurs aliments, en grande partie issus de l'agriculture biologique, dépourvus de produits chimiques, d'additifs, d'exhausteur de goûts, de colorants, de conservateurs ou d'édulcorants.

Pour lui, la cuisine c'est donner un peu de soi et de bonheur aux autres, le tout dans la simplicité et la générosité qui le caractérisent. Surprenez vos petits anges de plus de deux ans et régalez-vous avec ces recettes destinées à être intégrées dans l'alimentation de la famille…

Galette de quinoa et boulgour

Préparation : 10 min

Cuisson : 20 min

››› **Ingrédients :**
- 75 g de boulgour
- 75 g de quinoa
- 650 g de bouillon de légumes
- 1 pincée de curcuma
- 1 soupçon de thym et de persil
- 50 g de farine de quinoa
- 2 échalotes ciselées
- 2 œufs battus
- 1 courgette finement râpée
- 1 poivron rouge pelé et coupé très finement
- huile d'olive (première pression à froid)

››› Faites cuire le boulgour et le quinoa dans le bouillon de légumes, avec le curcuma, environ 15 min.

Après repos de 10 min, ajoutez les autres ingrédients et cuisez en galette dans une poêle avec de l'huile d'olive.

ASTUCES ET CONSEILS : ***quand vous cuisez les légumes familiaux, le chef Corvazier conseille de garder systématiquement le bouillon et de s'en servir ultérieurement pour la cuisson des céréales (quinoa, riz etc.). Vous pouvez conserver ces bouillons de légumes pendant deux jours au réfrigérateur.***

Cette galette peut se servir seule ou accompagnée d'une petite sauce à base de yaourt bulgare mixé avec un peu de concombre, du sel, du poivre, du vinaigre, un peu de moutarde, de la ciboulette et du persil.

Poêlée de langoustines et courgettes accompagnée de son riz basmati

››› Ingrédients :
- 50 g de langoustines (décortiquées)
- 60 g de courgette (râpée)
- huile d'olive (pression à froid)
- 1 branche de thym
- 100 g de riz basmati (cuit au bouillon de légumes)
- 1 cuillère à soupe de crème épaisse (facultatif)
- un peu de farine type 80 (semi-complète)

Préparation : 10 min

Cuisson : 10 min

››› Saisissez les langoustines et les courgettes à la poêle, avec un peu d'huile d'olive.

Laissez une minute et ajoutez le thym après 2 min de cuisson.

Ajoutez une portion de riz cuit.

Mélangez avec un peu de bouillon de légumes puis ajoutez si vous le souhaitez une cuillère à soupe de crème épaisse pour faire la liaison et le goût.

Liez l'ensemble avec un peu de farine de type 80 et servez.

■ ASTUCES ET CONSEILS : ***vous pouvez remplacer les langoustines par des blancs de seiche, des moules, des noix de saint-Jacques, du homard ou tout poisson à chair ferme. En effet, certaines langoustines peuvent contenir des sulfites, potentiellement allergisants pour bébé.***

Lentilles mijotées

Préparation : 15 min

Cuisson : 35 min

››› **Ingrédients :**

- 150 g de lentilles
- 100 g de carotte (en dés de 2 mm de côté)
- 100 g de céleri (en dés de 2 mm de côté)
- 90 g d'oignon ciselé

huile d'olive (première pression à froid)

- 1 noix de beurre
- graines de coriandre
- thym, laurier, sarriette

››› Blanchissez les lentilles.

Égouttez-les et mettez-les en cuisson dans un bouillon de légumes pendant 25 min avec la graine de coriandre écrasée.

Pendant ce temps, faites suer les oignons à l'huile d'olive, ajoutez les dés de carottes et de céleri et cuisez à couvert environ 10 min.

Réunissez les deux préparations et ajoutez le thym, le laurier, la sarriette et une noix de beurre.

■ ASTUCES ET CONSEILS : ***cette garniture se marie parfaitement avec un mignon de porc cuit saupoudré d'une râpure de noix de muscade. Le chef Corvazier conseille d'utiliser pour la cuisson des lentilles l'algue kombu, qui est un émollient. Idéale pour la cuisson des légumineuses, cette algue apporte un fondant et permet de conserver la saveur naturelle des produits tout en réduisant sensiblement le temps de cuisson. Vous pouvez également donner un petit goût particulier à cette garniture en lui ajoutant de la purée de sésame (tahin).***

Fricassée de choux

Préparation : 20 min

Cuisson : 20 min

››› **Ingrédients :**
- 100 g d'oignons finement ciselés
- 120 g de carottes finement coupées
- 120 g de panais finement coupés
- 200 g de choux vert (blanchis puis cuits à l'eau légèrement salée)
- huile d'olive (première pression à froid)
- curcuma
- thym ou sarriette

››› Faites suer à l'huile d'olive les oignons, ajoutez les carottes (7 min à couvert) puis ajoutez les panais et continuez la cuisson 2 min.

Ajoutez un verre de bouillon de légumes et laissez mijoter 5 min.

Ajoutez du thym ou de la sarriette, un peu de curcuma, le chou déjà préparé et continuez la cuisson environ 3 min.

■ ASTUCES ET CONSEILS : ***cette garniture peut accompagner un filet de dorade ou de rouget cuit à l'huile d'olive ou à la vapeur avec un peu de thym. Vous pouvez aussi lui associer un petit filet de poulet poêlé avec un peu de romarin. Les cuissons peuvent être déglacées avec un bouillon de légumes pour obtenir un jus et le petit plus conseillé par le chef Corvazier est de faire suer une échalote ciselée avant le déglaçage.***

Comme un couscous de quinoa et son méli-mélo de légumes bio au curcuma

Préparation : 20 min

Cuisson : 45 min

›› **Ingrédients :**

- 150 g de quinoa
- légumes de saison : carotte, céleri, chou-rave, navet jaune, chou-fleur, panais, brocoli, courgette, jeune pâtisson
- 3 échalotes
- huile d'olive (première pression à froid)
- curcuma
- arrow-root
- 1 cuillère à soupe de crème épaisse (facultatif)
- thym

›› Coupez tous les légumes en petits morceaux.

Cuisez-les à l'eau légèrement salée.

Le temps de cuisson est en fonction des légumes : commencez par la carotte et le céleri.

Après 1 min, ajoutez le chou-rave, le navet, le chou-fleur et cuisez 3 min puis ajoutez le reste des légumes. L'objectif est d'utiliser une seule eau de cuisson pour tous les légumes.

Retirez les légumes à l'aide d'une écumoire et laissez-les refroidir en les étalant sur un plateau. (Évitez de les plonger dans l'eau froide afin d'en garder toutes les saveurs).

Gardez le bouillon de cuisson pour faire cuire le quinoa environ 15 min.

Pour la sauce, faites suer les échalotes dans l'huile d'olive.

Ajoutez le curcuma puis 3 verres de bouillon de légumes que vous aurez au préalable conservé.

Réduisez, liez avec de l'arrow-root et mixez (avec la crème fraîche si vous le souhaitez).

Ajoutez ensuite les légumes et une pincée de thym.
Servez le quinoa et les légumes ensemble avec la sauce.

■ ASTUCES ET CONSEILS : ***la fécule d'arrow-root est utilisée comme épaississant. C'est également un excellent régulateur intestinal, utilisé pour diminuer les selles liquides. Ce petit couscous de quinoa peut se manger tel quel ou accompagner une viande blanche ou un poisson. Vous pouvez également ajouter des légumes secs, comme les haricots azukis, à ce petit plat déjà complet.***

Annexe 1

En résumé : comment diversifier ?

ON COMMENCE PAR :

LÉGUMES
• Artichaut • Carotte • Courgette • Épinards • Haricot vert • Patate douce
FRUITS
• Abricot • Banane • Melon • Pêche • Poire • Pomme • Prunes et pruneaux
CÉRÉALES
• Céréales sans gluten (riz, maïs, sarrasin, millet, quinoa, sorgho)
PROTÉINES ANIMALES
• Dinde • Jaune d'œuf • Poulet • Veau
PRODUITS SUCRÉS
• Aucun
OLÉAGINEUX
• Aucun
BOISSONS
• Eau

ON N'EST PAS PRESSÉ POUR :

LÉGUMES
• Aubergine • Oignon • Petits pois • Poireau • Tomate
FRUITS
• Agrumes (orange, pamplemousse) • Ananas • Fruits rouges • Kiwis • Mangue
CÉRÉALES
• Céréales avec gluten (blé, avoine, orge, seigle, boulgour, kamut)
PRODUITS LAITIERS
• Fromage
PROTÉINES ANIMALES
• Blanc d'œuf • Gros poissons • Crustacés
PRODUITS SUCRÉS
• Miel
OLÉAGINEUX EN POUDRE
• Amandes • Noisettes • Noix
BOISSONS
• Jus de fruits
LÉGUMINEUSES
• Lentilles vertes et corail • Pois chiches • Pois cassés • Soja jaune et vert • Haricots blancs ou azukis

ON ATTEND AUTANT QUE POSSIBLE OU ON LIMITE POUR :

LÉGUMES
• Pomme de terre
CÉRÉALES
• Pain blanc
PRODUITS LAITIERS
• Lait de vache • Crèmes desserts
PROTÉINES ANIMALES
• Charcuteries • Saucisson
PRODUITS SUCRÉS
• Tous
OLÉAGINEUX
• Cacahuètes • Beurre de cacahuètes
BOISSONS
• Sodas

Annexe 2

« J'utilise d'habitude… » / « Je remplace par… »

J'UTILISE OU JE DONNE À MON ENFANT D'HABITUDE :	JE REMPLACE SI POSSIBLE PAR :
• Barres chocolatées • chocolat au lait	• Chocolat noir à 70 % de cacao minimum
• Biscottes	• Petits pains grillés suédois sans sucre ajouté • Biscottes de farine de seigle
• Céréales chocolatées ou spéciales « ligne » du petit déjeuner	• Muesli sans sucre ajouté • Flocons d'avoine et fruits secs
• Compotes sucrées	• Compotes « sans sucre ajouté »
• Confiture	• Compote de fruits « sans sucre ajouté » du commerce ou « maison »
• Crème fraîche (dans les desserts)	• Purées d'oléagineux (purée d'amandes, purée de noisettes, etc.)
• Crème fraîche (dans les gratins)	• Crème de soja cuisine
• Crème glacée	• Sorbet peu sucré ou salade de fruits « maison »
• Farine blanche type 65	• Farine semi-complète type 80
• Frites	• Pâtes cuites « al dente » • Riz basmati • Légumes (mieux encore)

J'UTILISE OU JE DONNE À MON ENFANT D'HABITUDE :	JE REMPLACE SI POSSIBLE PAR :
• Fruits au sirop	• Salade de fruits « maison » sans sucre ajouté (avec un peu d'épices telles que la cannelle et la vanille)
• Gâteaux apéritifs salés	• Oléagineux non salés : amandes, noisettes, noix de Grenoble, du Brésil, de pécan
• Huile de tournesol	• Huile d'olive pour cuire • Huile de colza ou de noix pour assaisonner
• Jus de fruits sous la dénomination « Nectar de fruits »	• Jus de fruits avec la mention 100 % pur jus (sans sucre ajouté)
• Jus d'orange ou d'un autre fruit	• Un fruit entier de saison (pomme, poire, banane, clémentine, orange, etc.) ou 3 fruits secs (abricot, figue, raisins, pruneaux, etc.)
• Lardons	• Dés de jambon
• Lait de vache dans les préparations salées	• Des laits végétaux : soja, quinoa
• Lait de vache dans les préparations sucrées	• Des laits végétaux : amandes, noisettes, riz, avoine, châtaignes
• Pain blanc • baguette • pain de mie	• Pain au levain : multicéréales, complet, de seigle
• Pâte à tartiner chocolat-noisettes	• Morceau de chocolat noir râpé
• Pâtes blanches	• Pâtes semi-complètes cuites « al dente »

J'UTILISE OU JE DONNE À MON ENFANT D'HABITUDE :	JE REMPLACE SI POSSIBLE PAR :
• Pommes de terre (pour épaissir les potages)	• Riz complet ou basmati • Crème de riz • Lentilles blondes ou corail • Flocons d'avoine
• Pommes de terre (accompagnement)	• Patate douce • Pâtes cuites « al dente » • Quinoa ou riz basmati
• Riz cuisson rapide	• Riz basmati • Riz semi-complet • Riz sauvage
• Salades en barquettes	• Salades de légumes frais (salade verte, betterave, carottes râpées, etc.) et vinaigrette maison
• Soda sucré type Cola	• Perrier • Eau gazeuse avec un jus de citron
• Sucre de table	• Sirop d'agave • Miel • Extrait de stévia
• Viennoiserie (croissant, pain au chocolat, pain aux raisins)	• Pain au levain : multicéréales, complet, de seigle
• Yaourt aux fruits ou sucré	• Yaourt • Fromage blanc nature avec quelques raisins secs ou un extrait naturel de citron, d'orange ou de vanille

Annexe 3

Repères de consommation pour les quantités

Les fourchettes de recommandations sont données à titre indicatif. Comme la qualité prime sur la quantité, l'essentiel est de choisir les bonnes sources alimentaires.

VIANDES, POISSONS, ŒUFS				
Viandes (dinde, poulet, veau, jambon découenné, haché de bœuf), poissons (thon, saumon, truite, colin, limande, merlan...), jaune d'œuf cuit				
6 MOIS	**8-9 MOIS**	**12 MOIS**	**18 MOIS**	**24 MOIS**
-	10 à 20 g soit 2 à 4 cc ou 1/3 d'œuf cuit	25 g soit 5 cc ou ¼ d'œuf dur	30 g soit 6 cc ou ½ œuf dur	40 g soit 8 cc ou ½ œuf dur
-	Mixée lisse	Morceaux fondants	Vrais morceaux	Vrais morceaux

LÉGUMES				
Haricots verts, courgettes, carottes, blancs de poireaux, épinards, potiron, petits pois extrafins et jeunes Pas de céleri avant 1 an. Tomate, aubergine, chou-fleur et brocoli à partir de 8 mois				
6 MOIS	**8-9 MOIS**	**12 MOIS**	**18 MOIS**	**24 MOIS**
30-60 g	120 à 150 g	200 à 250 g	300 à 350 g	400 g
Cuits, mixée lisse	Cuits, mixée lisse	Crus, râpés ou morceaux fondants écrasés	Crus, râpés ou morceaux fondants écrasés	Crus, râpés ou morceaux fondants écrasés

FRUITS				
Pomme, poire, banane, pêche, coing, pruneaux, abricot À partir de 8 mois : fraise, framboise, cassis, orange, clémentine et, à partir de 1 an, fruits exotiques (ananas, mangue, noix de coco, kiwi)				
6 MOIS	**8-9 MOIS**	**12 MOIS**	**18 MOIS**	**24 MOIS**
30-60 g	120 g	260 g	260 - 390 g	2-3 fruits par jour
Cuits, mixée lisse	Cuits, mixée lisse	Crus, râpés ou morceaux fondants écrasés	Vrais morceaux	Vrais morceaux

CÉRÉALES				
Pâtes de petit calibre, semoule, riz basmati et légumes secs en purée à partir de 18 mois				
6 MOIS	**8-9 MOIS**	**12 MOIS**	**18 MOIS**	**24 MOIS**
Farines infantiles sans gluten, 30 g	50 g	100 g	100 g	100 g
Mixée lisse	Mixée lisse	Morceaux fondants	Vrais morceaux	Vrais morceaux

PRODUITS LAITIERS				
En plus du lait maternel ou maternisé ou de croissance				
6 MOIS	**8-9 MOIS**	**12 MOIS**	**18 MOIS**	**24 MOIS**
-	½ yaourt ou 50 g fromage blanc ou 1 petit-suisse	1 yaourt ou 2 petits-suisses ou 1 fromage blanc ou 10 à 15 g de fromage	1 yaourt ou 2 petits-suisses ou 1 fromage blanc ou 10 à 15 g de fromage	2 yaourt ou 2 petits-suisses ou 1 fromage blanc ou 15 g de fromage

MATIÈRES GRASSES				
Beurre cru, et huile de colza ou d'olive (alterner)				
6 MOIS	8-9 MOIS	12 MOIS	18 MOIS	24 MOIS
-	5 g ou 1 cc par jour	5 g ou 1 cc par jour	10 g ou 1 cs par jour	10 g ou 1 cs par jour

PRODUITS SUCRÉS				
À limiter. « Calories vides »				
6 MOIS	8-9 MOIS	12 MOIS	18 MOIS	24 MOIS
Pas de sucre ajouté	Pas de sucre ajouté	Pas de sucre ajouté	Pas de sucre ajouté	Pas de sucre ajouté

Index des recettes

Les recettes indiquées en vert correspondent à des plats végétariens, les rouges contiennent de la viande, les bleues du poisson, les roses correspondent à des desserts.

6 mois

7 mois

8 mois

9 mois

10 mois

11 mois

12 mois

15 mois

18 mois

2 ans

Les recettes du chef Corvazier